Thaise Smaken

Een Culinaire Verkenning van de Thaise Keuken

Sophie van Dijk

Samenvatting

Simpele roergebakken kip 10
Kip in tomatensaus 12
Kip Met Tomaten 12
Gepocheerde kip met tomaten 13
Kip en tomaten met zwarte bonensaus 14
Gekookte Kip Met Groenten 15
Kip met walnoten 16
Kip met walnoten 17
Kip met waterkastanjes 18
Gezouten kip met waterkastanjes 19
Kippenknoedels 21
Krokante kippenvleugels 22
Vijfkruiden kippenvleugels 23
Gemarineerde kippenvleugels 24
Echte kippenvleugels 26
Gekruide kippenvleugels 28
Gegrilde kippenpoten 29
Hoisin kippenpoten 30
Gestoofde kip 31
Krokant gebakken kip 32
Hele gebakken kip 34
Vijfkruidenkip 35
Gebakken zachte garnalen 36
Garnalen Tempura 37
Onder rubber 37
Garnalen met tofu 39
Garnalen Met Tomaten 40
Garnalen met tomatensaus 40
Grote garnalen met tomaat en chilisaus 41
Gebakken Garnalen Met Tomatensaus 42
Garnalen Met Groenten 44
Garnalen met waterkastanjes 45

Garnalenwontons 46
Abalone met kip 47
Abalone met asperges 48
Abalone met champignons 49
Abalone met oestersaus 50
Gestoomde mosselen 51
Mosselen met taugé 51
Mosselen Met Gember En Knoflook 52
Gewokte mosselen 53
Krabtaart 54
Krab crème 55
Chinees krabvlees met bladeren 56
Foo Yung-krab met taugé 57
Gember krab 58
Krab Lo Mein 59
Gewokte krab met varkensvlees 60
Geroerbakt krabvlees 61
Gefrituurde inktvisgehaktballetjes 62
Kantonese kreeft 63
Gebakken kreeft 64
Gestoomde kreeft met ham 65
Kreeft met champignons 66
Kreeftstaarten met varkensvlees 67
Gewokte kreeft 68
Kreeft nesten 70
Mosselen in zwarte bonensaus 71
Mosselen met gember 72
Gestoomde mosselen 73
Gebakken oesters 74
Oesters met spek 75
Gebakken oesters met gember 76
Oesters met zwarte bonensaus 77
Sint-Jakobsschelpen met bamboescheuten 78
Pelgrims met eieren 79
Sint-jakobsschelpen met broccoli 80
Pelgrims met gember 82

Pelgrims met ham	83
Kruiden Sint-jakobsschelp	84
Gewokte Sint-jakobsschelpen en uien	85
Pelgrims Met Groenten	86
Sint-jakobsschelpen Met Paprika	87
Octopus met taugé	88
Gefrituurde inktvis	89
Pakket Octopus	90
Gebakken inktvisrolletjes	92
Gewokte inktvis	93
Octopus Met Droge Paddestoel	94
Octopus Met Groenten	95
Gestoofd rundvlees met anijs	96
Rundvlees met asperges	97
Rundvlees met bamboescheuten	98
Rundvlees met bamboescheuten en champignons	98
Chinees gestoofd rundvlees	99
Rundvlees met taugé	100
Rundvlees met broccoli	102
Sesamsteak met broccoli	103
Gegrilde biefstuk	104
Kantonees rundvlees	105
Rundvlees Met Wortelen	106
Rundvlees met cashewnoten	107
Slowcooker van rundvlees	108
Rundvlees met bloemkool	109
Rundvlees met selderij	110
Gebakken Plakjes Rundvlees Met Selderij	111
Gesneden rundvlees met kip en selderij	112
Biefstuk met chili	113
Rundvlees met Chinese kool	115
Suey-rundvleeskarbonade	116
Rundvlees met komkommer	117
Chow Mein-rundvlees	118
Komkommer gebraden	120
Gebakken rundvleescurry	121

Gemarineerde zeeoor 122
Gestoofde bamboescheuten 123
Kip Met Komkommer 124
Kip Met Sesam 125
Lychee met gember 126
Kippenvleugels gekookt in rood 127
Krabvlees Met Komkommer 128
gemarineerde champignon 129
Gemarineerde knoflookpaddestoel 130
Garnalen en bloemkool 131
Sesamhamsticks 132
Koude tofu 133
Kip Met Bacon 134
Kip En Bananenfrietjes 135
Kip met gember en champignons 136
Kip en ham 138
Gegrilde kippenlever 139
Krabballetjes met waterkastanjes 140
Dimsum 141
Ham- en kiprolletjes 142
Gebakken Hamwervelingen 144
Gerookte pseudovis 145
Gestoofde champignons 147
Champignons in oestersaus 148
Varkensvlees- en saladebroodjes 149
Varkensgehaktballetjes En Kastanjes 151
Varkensvleesknoedels 152
Varkensvlees En Kalfsgehaktballetjes 153
Vlinder garnalen 154
Chinese garnalen 155
Drakenwolk 156
Krokante garnalen 157
Garnalen Met Gembersaus 158
Garnalen en noedelbroodjes 159
garnalen toast 161
Wonton van varkensvlees en garnalen met zoetzure saus 162

Kippen bouillon 164
Soep van varkensvlees en taugé 165
Abalone en champignonsoep 166
Kip En Aspergesoep 168
Bouillon 169
Chinese rundvlees- en bladsoep 170
Koolsoep 171
Pittige rundvleessoep 172
Hemelse soep 174
Soep van kip en bamboescheuten 175
Kip En Maïssoep 176
Kip En Gembersoep 177
Kippensoep met Chinese champignons 178
Kip En Rijstsoep 179
Kip En Kokossoep 180
Clam chowder 181
Eiersoep 182
Krab- en Sint-jakobsschelpsoep 183
Krab soep 185
Vissoep 186
Vis- en saladesoep 187
Gembersoep met dumplings 189
Hete en zure soep 190
Champignonsoep 191
Champignon- En Koolsoep 192
Champignon eiersoep 193
Champignon-kastanjesoep op waterbasis 194
Varkensvlees En Champignonsoep 195
Soep van varkensvlees en waterkers 196
Varkensvlees En Komkommersoep 197
Soep met gehaktballetjes en noedels 198
Spinazie En Tofu Soep 199
Zoete maïs- en krabsoep 200
Sichuan-soep 201
Tofu-soep 203
Tofu en vissoep 204

Tomatensoep	205
Tomaten En Spinaziesoep	206
Raapsoep	207
Potage	208
Vegetarische soep	209
Waterkers soep	210
Gebakken Vis Met Groenten	211
Hele gebakken vis	213
Gestoofde sojavis	214

Simpele roergebakken kip

Voor 4 personen

1 kipfilet, in dunne plakjes gesneden
2 plakjes gember, gehakt
2 lente-uitjes (lente-uitjes), gehakt
15 ml / 1 eetlepel maïsmeel (maïszetmeel)
15 ml / 1 eetlepel rijstwijn of droge sherry
30 ml / 2 eetlepels water
2,5 ml / ½ theelepel zout
45 ml / 3 eetlepels arachideolie
100 g bamboescheuten, in plakjes gesneden
100 g champignons, in plakjes gesneden
100 g taugé
15 ml / 1 eetlepel sojasaus
5 ml / 1 theelepel suiker
120 ml kippenbouillon

Doe de kip in een kom. Meng gember, lente-ui, maïsmeel, wijn of sherry, water en zout, roer de kip erdoor en laat 1 uur rusten. Verhit de helft van de olie en bak de kip lichtbruin en haal hem dan uit de pan. Verhit de overige olie en bak de bamboescheuten, champignons en taugé gedurende 4 minuten. Voeg sojasaus, suiker en bouillon toe, breng aan de kook, dek af en laat 5 minuten sudderen tot de groenten gaar zijn. Doe de kip terug in de pan, meng goed en verwarm zachtjes voor het serveren.

Kip in tomatensaus

Voor 4 personen

30 ml / 2 eetlepels arachideolie

5 ml / 1 theelepel zout

2 teentjes knoflook, geperst

450 g kipblokjes

300 ml kippenbouillon

120 ml / 4 fl oz / ½ kopje tomatenketchup (ketchup)

15 ml / 1 eetlepel maïsmeel (maïzetmeel)

4 lente-uitjes (lente-uitjes), in plakjes gesneden

Verhit de olie met zout en knoflook tot de knoflook licht goudbruin is. Voeg de kip toe en bak tot deze een beetje kleur krijgt. Voeg het grootste deel van de bouillon toe, breng aan de kook, dek af en laat ongeveer 15 minuten koken tot de kip gaar is. Meng de resterende bouillon met ketchup en maïsmeel en roer door de pan. Laat al roerend sudderen tot de saus dikker en lichter wordt. Als de saus te dun is, laat hem dan even doorkoken tot hij is ingekookt. Voeg de lente-uitjes toe en laat 2 minuten sudderen alvorens te serveren.

Kip Met Tomaten

Voor 4 personen

225 g kip, in blokjes
15 ml / 1 eetlepel maïsmeel (maïszetmeel)
15 ml / 1 eetlepel sojasaus
15 ml / 1 eetlepel rijstwijn of droge sherry
45 ml / 3 eetlepels arachideolie
1 ui, in blokjes gesneden
60 ml / 4 eetlepels kippenbouillon
5 ml / 1 theelepel zout
5 ml / 1 theelepel suiker
2 tomaten, geschild en in blokjes gesneden

Meng de kip met maïsmeel, soja en wijn of sherry en laat 30 minuten rusten. Verhit de olie en bak de kip lichtbruin. Voeg de ui toe en bak tot hij zacht is. Voeg de bouillon, het zout en de suiker toe, breng aan de kook en roer zachtjes op laag vuur tot de kip gaar is. Voeg de tomaten toe en roer tot ze warm zijn.

Gepocheerde kip met tomaten

Voor 4 personen

4 porties kip
4 tomaten, geschild en in vieren gesneden
15 ml / 1 eetlepel rijstwijn of droge sherry
15 ml / 1 eetlepel arachideolie
zout-

Doe de kip in een pan en bedek met koud water. Breng aan de kook, dek af en laat 20 minuten sudderen. Voeg de tomaten, wijn of sherry, olie en zout toe, dek af en laat nog 10 minuten sudderen tot de kip gaar is. Leg de kip op een hete serveerschaal en snij in stukken. Verwarm de saus en giet deze over de kip om te serveren.

Kip en tomaten met zwarte bonensaus

Voor 4 personen

45 ml / 3 eetlepels arachideolie

1 teentje knoflook, geperst

45 ml / 3 eetlepels zwarte bonensaus

225 g kip, in blokjes

15 ml / 1 eetlepel rijstwijn of droge sherry

5 ml / 1 theelepel suiker

15 ml / 1 eetlepel sojasaus
90 ml / 6 eetlepels kippenbouillon
3 tomaten, geschild en in vieren gesneden
10 ml / 2 theelepels maïsmeel (maïszetmeel)
45 ml / 3 eetlepels water

Verhit de olie en fruit de knoflook 30 seconden. Voeg de zwarte bonensaus toe en bak gedurende 30 seconden, voeg dan de kip toe en roer tot hij goed bedekt is met olie. Voeg de wijn of sherry, suiker, soja en bouillon toe, breng aan de kook, dek af en laat ongeveer 5 minuten sudderen tot de kip gaar is. Meng de maïsmeel en het water tot je een pasta hebt, roer de pan erdoor en laat al roerend sudderen tot de saus helder en dikker wordt.

Gekookte Kip Met Groenten

Voor 4 personen

1 eiwit
50 g maïsmeel (maïszetmeel)
225 g kipfilet, in reepjes gesneden
75 ml / 5 eetlepels arachideolie
200 g bamboescheuten, in reepjes gesneden
50 g taugé
1 groene paprika, in reepjes gesneden
3 lente-uitjes (lente-uitjes), in plakjes gesneden

1 schijfje gember, fijngehakt
1 teentje knoflook, gehakt
15 ml / 1 eetlepel rijstwijn of droge sherry

Klop het eiwit en de maïsmeel stijf en dompel de kipreepjes in het mengsel. Verhit de olie tot hij net heet is en bak de kip een paar minuten tot hij net gaar is. Haal uit de pan en laat goed uitlekken. Voeg bamboescheuten, taugé, paprika, ui, gember en knoflook toe aan de pan en bak 3 minuten. Voeg de wijn of sherry toe en doe de kip terug in de pan. Meng goed en verwarm voor het serveren.

Kip met walnoten

Voor 4 personen

45 ml / 3 eetlepels arachideolie
2 lente-uitjes (lente-uitjes), gehakt
1 schijfje gember, fijngehakt
450 g kipfilet, in dunne plakjes gesneden
50 g ham, gehakt
30 ml / 2 eetlepels sojasaus
30 ml / 2 eetlepels rijstwijn of droge sherry
5 ml / 1 theelepel suiker
5 ml / 1 theelepel zout
100 g walnoten, gehakt

Verhit de olie en bak de ui en gember 1 minuut. Voeg de kip en de ham toe en bak 5 minuten tot ze bijna gaar zijn. Voeg sojasaus, wijn of sherry, suiker en zout toe en bak 3 minuten. Voeg de walnoten toe en bak 1 minuut tot de ingrediënten goed gemengd zijn.

Kip met walnoten

Voor 4 personen

100 g / 4 oz / 1 kop gepelde walnoten, gehalveerd

frituur olie

45 ml / 3 eetlepels arachideolie

2 plakjes gember, gehakt

225 g kip, in blokjes

100 g bamboescheuten, in plakjes gesneden

75 ml / 5 eetlepels kippenbouillon

Bereid de walnoten, verwarm de olie en bak de walnoten goudbruin, laat goed uitlekken. Verhit arachideolie en bak de gember 30 seconden. Voeg de kip toe en bak tot deze een beetje kleur krijgt. Voeg de overige ingrediënten toe, breng aan de kook en laat al roerend sudderen tot de kip gaar is.

Kip met waterkastanjes

Voor 4 personen

45 ml / 3 eetlepels arachideolie
2 teentjes knoflook, geperst
2 lente-uitjes (lente-uitjes), gehakt
1 schijfje gember, fijngehakt
225 g kipfilet, in vlokken gesneden
100 g waterkastanjes, in vlokken gesneden
45 ml / 3 eetlepels sojasaus
15 ml / 1 eetlepel rijstwijn of droge sherry
5 ml / 1 theelepel maïsmeel (maïszetmeel)

Verhit de olie en bak de knoflook, lente-ui en gember tot ze een beetje kleur krijgen. Voeg de kip toe en bak 5 minuten. Voeg de waterkastanjes toe en bak 3 minuten. Voeg sojasaus, wijn of sherry en maïsmeel toe en bak ongeveer 5 minuten tot de kip gaar is.

Gezouten kip met waterkastanjes

Voor 4 personen

30 ml / 2 eetlepels arachideolie

4 stuks kip

3 lente-uitjes (lente-uitjes), gehakt

2 teentjes knoflook, geperst

1 schijfje gember, fijngehakt

250 ml sojasaus

30 ml / 2 eetlepels rijstwijn of droge sherry

30 ml / 2 eetlepels bruine suiker

5 ml / 1 theelepel zout

375 ml / 13 fl oz / 1¼ kopjes water

225 g waterkastanjes, in plakjes gesneden

15 ml / 1 eetlepel maïsmeel (maïszetmeel)

Verhit de olie en bak de stukken kip goudbruin. Voeg de lente-ui, knoflook en gember toe en bak 2 minuten. Voeg sojasaus, wijn of sherry, suiker en zout toe en meng goed. Voeg water toe, breng aan de kook, dek af en laat 20 minuten sudderen. Voeg de waterkastanjes toe, dek af en kook nog eens 20 minuten. Meng de maïsmeel met een beetje water, meng het door de saus en laat al roerend koken tot de saus helder en dikker wordt.

Kippenknoedels

Voor 4 personen

4 gedroogde Chinese champignons
450 g kipfilet, fijngehakt
225 g gemengde groenten, gehakt
1 lente-ui (lente-uitjes), gehakt
15 ml / 1 eetlepel sojasaus
2,5 ml / ½ theelepel zout
40 wontonhuiden
1 ei, losgeklopt

Week de champignons 30 minuten in warm water en laat ze uitlekken. Verwijder de stelen en hak de hoedjes fijn. Meng met kip, groenten, soja en zout.

Om de wontons te vouwen, houdt u de schil in uw linkerhand en giet u een deel van de vulling in het midden. Bevochtig de randen met het ei en vouw de schaal in een driehoek, zodat de randen dicht zijn. Bevochtig de hoeken met het ei en vouw ze samen.

Kook een pot water. Voeg de wontons toe en laat ongeveer 10 minuten koken tot ze het oppervlak bereiken.

Krokante kippenvleugels

Voor 4 personen

900 g kippenvleugels
60 ml / 4 eetlepels rijstwijn of droge sherry
60 ml / 4 eetlepels sojasaus
50 g / 2 oz / ½ kopje maïsmeel (maïzena)
arachideolie (pinda) om te frituren

Doe de kippenvleugels in een kom. Meng de overige ingrediënten en giet ze over de kippenvleugels, meng goed zodat ze onder de saus vallen. Dek af en laat 30 minuten rusten. Verhit de olie en bak de kip beetje bij beetje tot hij gaar en donkerbruin is. Laat goed uitlekken op absorberend papier en houd warm terwijl je de resterende kip braadt.

Vijfkruiden kippenvleugels

Voor 4 personen

30 ml / 2 eetlepels arachideolie

2 teentjes knoflook, geperst

450 g kippenvleugels

250 ml / 8 fl oz / 1 kop kippenbouillon

30 ml / 2 eetlepels sojasaus

5 ml / 1 theelepel suiker

5 ml / 1 theelepel vijfkruidenpoeder

Verhit de olie en knoflook tot de knoflook licht goudbruin is. Voeg de kip toe en bak tot deze licht gekleurd is. Voeg de overige ingrediënten toe, meng goed en breng aan de kook. Dek af en laat ongeveer 15 minuten sudderen tot de kip gaar is. Verwijder het deksel en laat sudderen, af en toe roerend, totdat het grootste deel van de vloeistof is verdampt. Serveer warm of koud.

Gemarineerde kippenvleugels

Voor 4 personen

45 ml / 3 eetlepels sojasaus

45 ml / 3 eetlepels rijstwijn of droge sherry

30 ml / 2 eetlepels bruine suiker

5 ml / 1 theelepel geraspte gemberwortel

2 teentjes knoflook, geperst

6 lente-uitjes (lente-uitjes), in plakjes gesneden

450 g kippenvleugels

30 ml / 2 eetlepels arachideolie

225 g bamboescheuten, in plakjes gesneden

20 ml / 4 theelepels maïsmeel (maïszetmeel)

175 ml kippenbouillon

Meng sojasaus, wijn of sherry, suiker, gember, knoflook en lente-uitjes. Voeg de kippenvleugels toe en roer ze volledig door elkaar. Dek af en laat 1 uur rusten, af en toe roeren. Verhit de olie en bak de bamboescheuten gedurende 2 minuten. Haal ze uit de pan. Giet de kip en ui af en bewaar de marinade. Verhit de olie en bak de kip aan alle kanten goudbruin. Dek af en kook nog eens 20 minuten tot de kip gaar is. Meng de maïzena met de bouillon en de marinade. Zet apart. Giet over de kip en kook al roerend tot de saus is ingedikt. Voeg de bamboescheuten toe en laat al roerend nog 2 minuten koken.

Echte kippenvleugels

Voor 4 personen

12 kippenvleugels
250 ml / 8 fl oz / 1 kopje arachideolie
15 ml / 1 eetlepel kristalsuiker
2 lente-uitjes (lente-uitjes), in stukjes gesneden
5 plakjes gemberwortel
5 ml / 1 theelepel zout
45 ml / 3 eetlepels sojasaus
250 ml rijstwijn of droge sherry
250 ml / 8 fl oz / 1 kop kippenbouillon
10 plakjes bamboescheuten
15 ml / 1 eetlepel maïsmeel (maïszetmeel)
15 ml / 1 eetlepel water
2,5 ml / ½ theelepel sesamolie

Blancheer de kippenvleugels 5 minuten in kokend water en laat ze goed uitlekken. Verhit de olie, voeg de suiker toe en meng tot het gesmolten en goudbruin is. Voeg kip, lente-uitjes, gember, zout, soja, wijn en bouillon toe, breng aan de kook en laat 20 minuten koken. Voeg de bamboescheuten toe en laat 2 minuten sudderen of tot de vloeistof bijna is verdampt. Meng de maïsmeel met het water, meng het in de pan en roer tot het dik wordt. Doe de kippenvleugels in een warme serveerschaal en serveer besprenkeld met sesamolie.

Gekruide kippenvleugels

Voor 4 personen

30 ml / 2 eetlepels arachideolie

5 ml / 1 theelepel zout

2 teentjes knoflook, geperst

900 g kippenvleugels

30 ml / 2 eetlepels rijstwijn of droge sherry

30 ml / 2 eetlepels sojasaus

30 ml / 2 eetlepels tomatensaus (pasta)

15 ml / 1 eetlepel Worcestershiresaus

Verhit de olie, het zout en de knoflook en bak tot de knoflook licht goudbruin kleurt. Voeg de kippenvleugels toe en bak, vaak roerend, ongeveer 10 minuten tot ze goudbruin en bijna gaar zijn. Voeg de overige ingrediënten toe en bak ongeveer 5 minuten tot de kip knapperig en gaar is.

Gegrilde kippenpoten

Voor 4 personen

16 kippendijen

30 ml / 2 eetlepels rijstwijn of droge sherry

30 ml / 2 eetlepels azijn

30 ml / 2 eetlepels olijfolie

zout en versgemalen peper

120 ml sinaasappelsap

30 ml / 2 eetlepels sojasaus

30 ml / 2 eetlepels honing

15 ml / 1 eetlepel citroensap

2 plakjes gember, gehakt

120 ml / 4 fl oz / ½ kopje chilisaus

Meng alle ingrediënten behalve de chilisaus, dek af en laat een nacht in de koelkast marineren. Haal de kip uit de marinade en gril of grill (rooster) gedurende ongeveer 25 minuten, draai en combineer met de chilisaus terwijl deze kookt.

Hoisin kippenpoten

Voor 4 personen

8 kippendijen

600 ml kippenbouillon

zout en versgemalen peper

250 ml hoisinsaus

30 ml / 2 eetlepels bloem (voor alle toepassingen)

2 losgeklopte eieren

100 g broodkruimels

frituur olie

Doe de eetstokjes en de bouillon in een pan, breng aan de kook, dek af en laat 20 minuten koken tot het gaar is. Haal de kip uit de pan en dep hem droog op absorberend papier. Doe de kip in een kom en breng op smaak met peper en zout. Giet de hoisinsaus erover en laat 1 uur marineren. Droogleggen. Doe de kip in de bloem, haal hem door het ei en het paneermeel en vervolgens opnieuw door het ei en het paneermeel. Verhit de olie en bak de kip in ongeveer 5 minuten goudbruin. Laat ze uitlekken op absorberend papier en serveer ze warm of koud.

Gestoofde kip

Voor 4-6 personen

75 ml / 5 eetlepels arachideolie

1 kip

3 lente-uitjes (lente-uitjes), in plakjes gesneden

3 plakjes gemberwortel

120 ml / 4 fl oz / ½ kopje sojasaus

30 ml / 2 eetlepels rijstwijn of droge sherry

5 ml / 1 theelepel suiker

Verhit de olie en bak de kip goudbruin. Voeg lente-uitjes, gember, sojasaus en wijn of sherry toe en breng aan de kook. Dek af en laat 30 minuten sudderen, af en toe keren. Voeg de suiker toe, dek af en laat nog 30 minuten sudderen tot de kip gaar is.

Krokant gebakken kip

Voor 4 personen

1 kip

zout-

30 ml / 2 eetlepels rijstwijn of droge sherry

3 lente-uitjes (lente-uitjes), in blokjes gesneden

1 schijfje gemberwortel

30 ml / 2 eetlepels sojasaus

30 ml / 2 eetlepels suiker

5 ml / 1 theelepel hele kruidnagels

5 ml / 1 theelepel zout

5 ml / 1 theelepel peperkorrels

150 ml / ¼ pt / royale ½ kop kippenbouillon

frituur olie

1 sla, gesneden

4 tomaten, in plakjes gesneden

½ komkommer, in plakjes gesneden

Wrijf de kip in met zout en laat 3 uur rusten. Spoel af en plaats in een kom. Voeg wijn of sherry, gember, soja, suiker, kruidnagel, zout, peperkorrels en bouillon toe en bedruip goed. Zet de kom in een stoompan, dek af en stoom ongeveer 2¼ uur tot de kip gaar is. Droogleggen. Verhit de olie tot deze rookt, voeg dan de kip toe en bak tot hij goudbruin is. Bak nog 5 minuten, haal dan uit de olie en laat uitlekken. Snijd ze in stukjes en leg ze op een verwarmd bord. Garneer met sla, tomaten en komkommer en serveer met een peper- en zoutsaus.

Hele gebakken kip

Voor 5 personen

1 kip

10 ml / 2 theelepels zout

15 ml / 1 eetlepel rijstwijn of droge sherry

2 lente-uitjes (sjalotten), gehalveerd

3 plakjes gemberwortel, in reepjes gesneden

frituur olie

Droog de kip en wrijf de huid in met zout en wijn of sherry. Doe de lente-ui en gember in de holte. Hang de kip ongeveer 3 uur op een koele plaats te drogen. Verhit de olie en plaats de kip in een frituurmand. Doop voorzichtig de olie erin en rijg voortdurend in en uit tot de kip licht gekleurd is. Haal uit de olie en laat iets afkoelen terwijl je de olie verwarmt. Bak opnieuw tot ze goudbruin zijn. Laat ze goed uitlekken en snijd ze in stukjes.

Vijfkruidenkip

Voor 4-6 personen

1 kip

120 ml / 4 fl oz / ½ kopje sojasaus

2,5 cm / 1 stuk gemberwortel, gehakt

1 teentje knoflook, geperst

15 ml / 1 eetlepel vijfkruidenpoeder

30 ml / 2 eetlepels rijstwijn of droge sherry

30 ml / 2 eetlepels honing

2,5 ml / ½ theelepel sesamolie

frituur olie

30 ml / 2 eetlepels zout

5 ml / 1 theelepel versgemalen peper

Doe de kip in een grote pan en vul hem tot het midden van de dij met water. Bewaar 15 ml / 1 eetlepel sojasaus en doe de rest in de pan met de gember, knoflook en de helft van het vijfkruidenpoeder. Breng aan de kook, dek af en laat 5 minuten sudderen. Zet het vuur uit en laat de kip in het water rusten tot het water lauw is. Droogleggen.

Snijd de kip in de lengte doormidden en leg deze met de snijzijde naar beneden op een bakplaat. Meng de overige sojasaus en vijfkruidenpoeder met wijn of sherry, honing en sesamolie. Wrijf het mengsel op de kip en laat het 2 uur staan, waarbij u af en toe met het mengsel bestrijkt. Verhit de olie en bak de kiphelften in ongeveer 15 minuten goudbruin en gaar. Laat ze uitlekken op absorberend papier en snij ze in portiegroottes.

Meng ondertussen zout en peper en verwarm in een droge pan gedurende ongeveer 2 minuten. Serveer als saus voor de kip.

Gebakken zachte garnalen

Het serveert 4

75 g / 3 oz / rogge ¬ ° kopje maïsmeel (maïzena)

1 eiwit

5 ml / 1 theelepel rijstwijn of droge sherry

zout-

350 g gepelde garnalen

frituur olie

Klop maizena, eiwit, wijn of sherry en een snufje zout tot een dik beslag. Dompel de garnalen in het beslag tot ze goed bedekt zijn. Verhit de olie tot deze heet is en bak de garnalen in een paar minuten goudbruin. Haal ze uit de olie, verwarm tot ze heet zijn en bak de garnalen opnieuw tot ze knapperig en goudbruin zijn.

Garnalen Tempura

Het serveert 4

450 g gepelde garnalen
30 ml / 2 eetlepels bloem (voor alle toepassingen).
30 ml / 2 eetlepels maïsmeel (maïszetmeel)
30 ml / 2 eetlepels water
2 eieren, losgeklopt
frituur olie

Snijd de garnalen aan de binnenkant van de bocht doormidden en open ze zodat er een vlinder ontstaat. Meng de bloem, maizena en water tot een beslag ontstaat en roer dan de eieren erdoor. Verhit de olie en bak de garnalen tot ze goudbruin zijn.

Onder rubber

Het serveert 4

30 ml / 2 eetlepels arachideolie (pinda).

2 lente-uitjes (lente-uitjes), gehakt

1 teentje knoflook, geperst

1 schijfje gember, fijngehakt

100 g kipfilet, in reepjes gesneden

100 g ham, in reepjes gesneden

100 g bamboescheuten, in reepjes gesneden

100 g waterkastanjes, in reepjes gesneden

225 g gepelde garnalen

30 ml / 2 eetlepels sojasaus

30 ml / 2 eetlepels rijstwijn of droge sherry

5 ml / 1 theelepel zout

5 ml / 1 theelepel suiker

5 ml / 1 theelepel maïsmeel (maïszetmeel)

Verhit de olie en bak de lente-ui, knoflook en gember goudbruin. Voeg de kip toe en bak 1 minuut. Voeg ham, bamboescheuten en waterkastanjes toe en bak 3 minuten. Voeg de garnalen toe en bak 1 minuut. Voeg sojasaus, wijn of sherry, zout en suiker toe en bak 2 minuten. Meng de maïzena met een beetje water, giet het in de pan en laat al roerend 2 minuten koken.

Garnalen met tofu

Het serveert 4

45 ml / 3 eetlepels arachideolie (pinda).

225 g tofu, in blokjes

1 lente-ui (lente-uitjes), gehakt

1 teentje knoflook, geperst

15 ml / 1 eetlepel sojasaus

5 ml / 1 theelepel suiker

90 ml / 6 eetlepels visbouillon

225 g gepelde garnalen

15 ml / 1 eetlepel maïsmeel (maïszetmeel)

45 ml / 3 eetlepels water

Verhit de helft van de olie en bak de tofu lichtbruin, haal hem dan uit de pan. Verhit de rest van de olie en bak de lente-ui en knoflook goudbruin. Voeg soja, suiker en bouillon toe en breng aan de kook. Voeg de garnalen toe en roer op laag vuur gedurende 3 minuten. Meng de maïsmeel en het water tot een pasta, roer het in de pan en laat al roerend sudderen tot de saus dikker wordt. Doe de tofu terug in de pan en laat zachtjes koken tot hij heet is.

Garnalen Met Tomaten

Het serveert 4

2 eiwitten

30 ml / 2 eetlepels maïsmeel (maïszetmeel)

5 ml / 1 theelepel zout

450 g gepelde garnalen

frituur olie

30 ml / 2 eetlepels rijstwijn of droge sherry

225 g tomaten, geschild, klokhuis verwijderd en in stukjes gesneden

Meng het eiwit, maizena en zout. Voeg de garnalen toe tot ze goed bedekt zijn. Verhit de olie en bak de garnalen tot ze gaar zijn. Giet alles behalve 15 ml / 1 eetlepel olie erbij en verwarm. Voeg wijn of sherry en tomaten toe en breng aan de kook. Voeg de garnalen toe en verwarm ze snel voordat u ze serveert.

Garnalen met tomatensaus

Het serveert 4

30 ml / 2 eetlepels arachideolie (pinda).

1 teentje knoflook, geperst

2 plakjes gember, gehakt

2,5 ml / ¬Ω theelepel zout

15 ml / 1 eetlepel rijstwijn of droge sherry

15 ml / 1 eetlepel sojasaus

6 ml / 4 eetlepels ketchup (ketchup)

120 ml / 4 fl oz / ¬Ω kopje visbouillon

350 g gepelde garnalen

10 ml / 2 theelepels maïsmeel (maïszetmeel)

30 ml / 2 eetlepels water

Verhit de olie en fruit de knoflook, gember en zout gedurende 2 minuten. Voeg wijn of sherry, sojasaus, ketchup en bouillon toe en breng aan de kook. Voeg de garnalen toe, dek af en kook gedurende 2 minuten. Meng maïsmeel en water tot je een deeg hebt, giet het in de pan en laat al roerend sudderen tot de saus helder en dikker wordt.

Grote garnalen met tomaat en chilisaus

Het serveert 4

60 ml / 4 eetlepels arachideolie (pinda).

15 ml / 1 eetlepel fijngehakte gember

15 ml / 1 eetlepel fijngehakte knoflook

15 ml / 1 eetlepel gehakte lente-ui

60 ml / 4 eetlepels tomatenpuree √ © e (pasta)

15 ml / 1 eetlepel chilisaus

450 g gepelde garnalen

15 ml / 1 eetlepel maïsmeel (maïszetmeel)

15 ml / 1 eetlepel water

Verhit de olie en bak de gember, knoflook en lente-ui 1 minuut. Voeg de tomatenpuree en chilisaus toe en meng goed. Voeg de garnalen toe en bak 2 minuten. Meng maïsmeel en water tot een glad beslag, roer het in de pan en laat sudderen tot de saus dikker wordt. Serveer onmiddellijk.

Gebakken Garnalen Met Tomatensaus

Het serveert 4

50 g / 2 oz / ¬Ω kopje gewone bloem (universeel).

2,5 ml / ¬Ω theelepel zout

1 ei, lichtgeklopt

30 ml / 2 eetlepels water
450 g gepelde garnalen
frituur olie
30 ml / 2 eetlepels arachideolie (pinda).
1 ui, fijngehakt
2 plakjes gember, gehakt
75 ml / 5 eetlepels ketchup (ketchup)
10 ml / 2 theelepels maïsmeel (maïszetmeel)
30 ml / 2 eetlepels water

Klop de bloem, het zout, de eieren en het water tot een beslag, voeg indien nodig een beetje water toe. Meng met de garnalen tot ze goed bedekt zijn. Verhit de olie en bak de garnalen een paar minuten tot ze knapperig en goudbruin zijn. Laat uitlekken op keukenpapier.

Verhit ondertussen de olie en bak de ui en gember tot ze zacht zijn. Voeg de ketchup toe en laat 3 minuten koken. Meng maïsmeel en water tot je een pasta hebt, roer het in de pan en laat al roerend sudderen tot de saus dikker wordt. Voeg de garnalen toe aan de pan en laat sudderen tot ze warm zijn. Serveer onmiddellijk.

Garnalen Met Groenten

Het serveert 4

15 ml / 1 eetlepel arachideolie (pinda).

225 g broccoliroosjes

225 gram champignons

225 g bamboescheuten, in plakjes gesneden

450 g gepelde garnalen

120 ml kippenbouillon

5 ml / 1 theelepel maïsmeel (maïszetmeel)

5 ml / 1 theelepel oestersaus

2,5 ml / ½ theelepel suiker

2,5 ml / ½ theelepel geraspte gemberwortel

een snufje versgemalen peper

Verhit de olie en bak de broccoli 1 minuut. Voeg de champignons en bamboescheuten toe en bak 2 minuten. Voeg de garnalen toe en bak 2 minuten. Meng de overige ingrediënten en voeg toe aan het garnalenmengsel. Breng al roerend aan de kook en laat 1 minuut sudderen, onder voortdurend roeren.

Garnalen met waterkastanjes

Het serveert 4

60 ml / 4 eetlepels arachideolie (pinda).

1 teentje knoflook, gehakt

1 schijfje gember, fijngehakt

450 g gepelde garnalen

30 ml / 2 eetlepels rijstwijn of droge sherry 225 g / 8 oz waterkastanjes, in plakjes

30 ml / 2 eetlepels sojasaus

15 ml / 1 eetlepel maïsmeel (maïszetmeel)

45 ml / 3 eetlepels water

Verhit de olie en bak de knoflook en gember goudbruin. Voeg de garnalen toe en bak 1 minuut. Voeg de wijn of sherry toe en meng goed. Voeg de waterkastanjes toe en bak 5 minuten. Voeg de overige ingrediënten toe en bak 2 minuten.

Garnalenwontons

Het serveert 4

450 g gepelde garnalen, fijngehakt
225 g gemengde groenten, gehakt
15 ml / 1 eetlepel sojasaus
2,5 ml / ¬Ω theelepel zout
een paar druppels sesamolie
40 wontonhuiden
frituur olie

Meng garnalen, groenten, soja, zout en sesamolie.

Om de wontons te vouwen, houdt u de schil in uw linkerhand en giet u een deel van de vulling in het midden. Bevochtig de randen met het ei en vouw de schaal in een driehoek, zodat de randen dicht zijn. Bevochtig de hoeken met het ei en draai ze samen.

Verhit de olie en bak de wontons met een paar tegelijk goudbruin. Laat goed uitlekken voordat je het serveert.

Abalone met kip

Het serveert 4

400 g abalone uit blik

30 ml / 2 eetlepels arachideolie (pinda).

100 g kipfilet, in blokjes

100 g bamboescheuten, in plakjes gesneden

250 ml / 8 fl oz / 1 kopje visbouillon

15 ml / 1 eetlepel rijstwijn of droge sherry

5 ml / 1 theelepel suiker

2,5 ml / ¬Ω theelepel zout

15 ml / 1 eetlepel maïsmeel (maïszetmeel)

45 ml / 3 eetlepels water

Giet de abalone af en snijd hem in stukken; bewaar het sap. Verhit de olie en bak de kip lichtbruin. Voeg de abalone en bamboescheuten toe en bak 1 minuut. Voeg het abalonevocht, de bouillon, de wijn of sherry, de suiker en het zout toe, breng aan de kook en laat 2 minuten zachtjes koken. Meng maïsmeel en water tot een pasta en laat al roerend sudderen tot de saus helder en ingedikt is. Serveer onmiddellijk.

Abalone met asperges

Het serveert 4

10 gedroogde Chinese paddenstoelen
30 ml / 2 eetlepels arachideolie (pinda).
15 ml / 1 eetlepel water
225 g asperges
2,5 ml / ¬Ω theelepel vissaus
15 ml / 1 eetlepel maïsmeel (maïszetmeel)
225 g abalone uit blik, in plakjes gesneden
60 ml / 4 eetlepels bouillon
¬Ω kleine wortel, in plakjes gesneden
5 ml / 1 theelepel sojasaus
5 ml / 1 theelepel oestersaus
5 ml / 1 theelepel rijstwijn of droge sherry

Week de champignons 30 minuten in warm water en laat ze uitlekken. Gooi de stengels weg. Verhit 15 ml / 1 eetlepel olie met water en bak de champignoncapsules gedurende 10 minuten. Kook ondertussen de asperges in kokend water met de vissaus en 5 ml maizena tot ze zacht zijn. Laat goed uitlekken en plaats op een warme serveerschaal met de champignons. Houd ze warm. Verhit de resterende olie en bak de abalone een paar seconden.

Voeg vervolgens de bouillon, wortel, sojasaus, oestersaus, wijn of sherry en het resterende maïzena toe. Kook ongeveer 5 minuten tot ze gaar zijn, giet dan over de asperges en serveer.

Abalone met champignons

Het serveert 4

6 gedroogde Chinese paddenstoelen
400 g abalone uit blik
45 ml / 3 eetlepels arachideolie (pinda).
2,5 ml / ¬Ω theelepel zout
15 ml / 1 eetlepel rijstwijn of droge sherry
3 lente-uitjes (lente-uitjes), in dikke plakjes gesneden

Week de champignons 30 minuten in warm water en laat ze uitlekken. Verwijder de stelen en snijd de hoedjes in stukjes. Giet de abalone af en snijd hem in stukken; bewaar het sap. Verhit de olie en bak het zout en de champignons gedurende 2 minuten. Voeg de abalonevloeistof en de sherry toe, breng aan de kook, dek af en laat 3 minuten sudderen. Voeg de abalone en de lente-ui toe en laat sudderen tot ze warm zijn. Serveer onmiddellijk.

Abalone met oestersaus

Het serveert 4

400 g abalone uit blik

15 ml / 1 eetlepel maïsmeel (maïszetmeel)

15 ml / 1 eetlepel sojasaus

45 ml / 3 eetlepels oestersaus

30 ml / 2 eetlepels arachideolie (pinda).

50 g gerookte ham, in stukjes gesneden

Maak de pot met abalone leeg en bewaar 90 ml / 6 eetlepels vloeistof. Meng dit met maizena, soja- en oestersaus. Verhit de olie en bak de uitgelekte abalone gedurende 1 minuut. Voeg het sausmengsel toe en laat al roerend koken tot het heet is, ongeveer 1 minuut. Doe over in een warme serveerschaal en serveer gegarneerd met ham.

Gestoomde mosselen

Het serveert 4

24 mosselen

Maak de mosselen goed schoon en laat ze een paar uur in gezouten water weken. Spoel ze af onder stromend water en plaats ze op een diepe bakplaat. Leg het op een grill in de stoompan, dek af en stoom in zacht kokend water gedurende ongeveer 10 minuten tot alle mosselen open zijn. Gooi alles weg dat gesloten blijft. Serveer met sauzen.

Mosselen met taugé

Het serveert 4

24 mosselen

15 ml / 1 eetlepel arachideolie (pinda).

150 g taugé

1 groene paprika, in reepjes gesneden

2 lente-uitjes (lente-uitjes), gehakt

15 ml / 1 eetlepel rijstwijn of droge sherry

zout en versgemalen peper

2,5 ml / ¬Ω theelepel sesamolie

50 g gerookte ham, in stukjes gesneden

Maak de mosselen goed schoon en laat ze een paar uur in gezouten water weken. Spoel onder stromend water. Kook een pan met water, voeg de mosselen toe en kook een paar minuten tot ze opengaan. Leeg en gooi alles weg dat gesloten is gebleven. Haal de mosselen uit de schelpen.

Verhit de olie en bak de taugé gedurende 1 minuut. Voeg de paprika en lente-ui toe en bak 2 minuten. Voeg de wijn of sherry toe en breng op smaak met peper en zout. Verhit, meng de mosselen erdoor en roer tot alles goed gemengd en goed verwarmd is. Doe over in een warme serveerschaal en serveer, bestrooid met sesamolie en ham.

Mosselen Met Gember En Knoflook

Het serveert 4

24 mosselen

15 ml / 1 eetlepel arachideolie (pinda).

2 plakjes gember, gehakt

2 teentjes knoflook, geperst
15 ml / 1 eetlepel water
5 ml / 1 theelepel sesamolie
zout en versgemalen peper

Maak de mosselen goed schoon en laat ze een paar uur in gezouten water weken. Spoel onder stromend water. Verhit de olie en fruit de gember en knoflook gedurende 30 seconden. Voeg de mosselen, het water en de sesamolie toe, dek af en kook ongeveer 5 minuten tot de mosselen opengaan. Gooi alles weg dat gesloten blijft. Breng licht op smaak met peper en zout en serveer onmiddellijk.

Gewokte mosselen

Het serveert 4

24 mosselen
60 ml / 4 eetlepels arachideolie (pinda).
4 teentjes knoflook, gehakt

1 ui, gehakt

2,5 ml / ½ theelepel zout

Maak de mosselen goed schoon en laat ze een paar uur in gezouten water weken. Spoel af onder stromend water en droog vervolgens. Verhit de olie en bak de knoflook, ui en zout tot ze zacht zijn. Voeg de mosselen toe, dek af en kook op laag vuur gedurende ongeveer 5 minuten tot alle schelpen open zijn. Gooi alles weg dat gesloten blijft. Bak nog 1 minuut zachtjes en bestrijk ze met olie.

Krabtaart

Het serveert 4

225 g taugé

60 ml / 4 eetlepels arachideolie (pinda) 100 g / 4 oz bamboescheuten, in reepjes gesneden

1 ui, gehakt

225 g krabvlees, in vlokken

4 eieren, lichtgeklopt

15 ml / 1 eetlepel maïsmeel (maïszetmeel)

30 ml / 2 eetlepels sojasaus

zout en versgemalen peper

Blancheer de taugé 4 minuten in kokend water en laat ze uitlekken. Verhit de helft van de olie en bak de taugé, bamboescheuten en uien tot ze zacht zijn. Haal van het vuur en voeg de andere ingrediënten toe, behalve de olie. Verhit de resterende olie in een schone pan en schep het krabmengsel in kleine koeken. Bak aan beide kanten goudbruin en serveer dan meteen.

Krab crème

Het serveert 4

225 g krabvlees

5 eieren, losgeklopt

1 lente-ui (sjalot) fijngesneden

250 ml / 8 fl oz / 1 kopje water

5 ml / 1 theelepel zout

5 ml / 1 theelepel sesamolie

Meng alle ingrediënten goed. Doe het in een kom, dek af en plaats het op de dubbele boiler boven heet water of op een stoomrek. Stoom ongeveer 35 minuten tot je een vla krijgt, af en toe roerend. Serveer met rijst.

Chinees krabvlees met bladeren

Het serveert 4

450 g Chinese bladeren, gescheurd
45 ml / 3 eetlepels plantaardige olie
2 lente-uitjes (lente-uitjes), gehakt
225 g krabvlees
15 ml / 1 eetlepel sojasaus
15 ml / 1 eetlepel rijstwijn of droge sherry

5 ml / 1 theelepel zout

Blancheer de Chinese bladeren 2 minuten in kokend water, laat ze goed uitlekken en spoel ze af met koud water. Verhit de olie en bak de lente-ui goudbruin. Voeg het krabvlees toe en bak 2 minuten. Voeg de Chinese bladeren toe en bak 4 minuten. Voeg sojasaus, wijn of sherry en zout toe en meng goed. Voeg de bouillon en het maïzena toe, breng aan de kook en laat al roerend 2 minuten koken tot de saus lichter en dikker is geworden.

Foo Yung-krab met taugé

Het serveert 4

6 eieren, losgeklopt

45 ml / 3 eetlepels maïsmeel (maïszetmeel)

225 g krabvlees

100 g taugé

2 lente-uitjes (lente-uitjes), fijngehakt

2,5 ml / ¬Ω theelepel zout

45 ml / 3 eetlepels arachideolie (pinda).

Klop de eieren los en klop er vervolgens de maïzena door. Meng de overige ingrediënten behalve de olie. Verhit de olie en giet het mengsel beetje bij beetje in de pan, zodat er kleine pannenkoekjes ontstaan met een diameter van ongeveer 7,5 cm. Bak tot ze goudbruin zijn aan de onderkant, draai dan om en bak de andere kant bruin.

Gember krab

Het serveert 4

15 ml / 1 eetlepel arachideolie (pinda).
2 plakjes gember, gehakt
4 lente-uitjes (lente-uitjes), gehakt
3 teentjes knoflook, geperst
1 rode chilipeper, gehakt
350 g krabvlees, in vlokken
2,5 ml / ¬Ω theelepel vispasta

2,5 ml / ¬Ω theelepel sesamolie

15 ml / 1 eetlepel rijstwijn of droge sherry

5 ml / 1 theelepel maïsmeel (maïszetmeel)

15 ml / 1 eetlepel water

Verhit de olie en bak de gember, lente-ui, knoflook en chilipeper 2 minuten. Voeg het krabvlees toe en roer tot het goed bedekt is met kruiden. Voeg de vispasta toe. Meng de overige ingrediënten tot je een pasta krijgt, giet ze in de pan en bak ze 1 minuut. Serveer onmiddellijk.

Krab Lo Mein

Het serveert 4

100 g taugé

30 ml / 2 eetlepels arachideolie (pinda).

5 ml / 1 theelepel zout

1 ui, gesneden

100 g champignons, in plakjes gesneden

225 g krabvlees, in vlokken

100 g bamboescheuten, in plakjes gesneden

Opgeheven noedels

30 ml / 2 eetlepels sojasaus
5 ml / 1 theelepel suiker
5 ml / 1 theelepel sesamolie
zout en versgemalen peper

Blancheer de taugé 5 minuten in kokend water en laat ze uitlekken. Verhit de olie en bak het zout en de ui tot ze zacht zijn. Voeg de champignons toe en bak tot ze zacht zijn. Voeg het krabvlees toe en bak 2 minuten. Voeg taugé en bamboescheuten toe en bak 1 minuut. Voeg de uitgelekte noedels toe aan de pan en meng voorzichtig. Meng soja, suiker en sesamolie en breng op smaak met zout en peper. Roer de pan tot hij heet is.

Gewokte krab met varkensvlees

Het serveert 4

30 ml / 2 eetlepels arachideolie (pinda).
100 g gemalen varkensvlees (gemalen).
350 g krabvlees, in vlokken
2 plakjes gember, gehakt
2 eieren, lichtgeklopt
15 ml / 1 eetlepel sojasaus
15 ml / 1 eetlepel rijstwijn of droge sherry
30 ml / 2 eetlepels water
zout en versgemalen peper

4 lente-uitjes (lente-uitjes), in reepjes gesneden

Verhit de olie en bak het varkensvlees tot het een beetje kleur krijgt. Voeg het krabvlees en de gember toe en bak 1 minuut. Meng de eieren. Voeg sojasaus, wijn of sherry, water, zout en peper toe en laat al roerend ongeveer 4 minuten sudderen. Serveer gegarneerd met lente-uitjes.

Geroerbakt krabvlees

Het serveert 4

30 ml / 2 eetlepels arachideolie (pinda).

450 g krabvlees, in vlokken

2 lente-uitjes (lente-uitjes), gehakt

2 plakjes gember, gehakt

30 ml / 2 eetlepels sojasaus

30 ml / 2 eetlepels rijstwijn of droge sherry

2,5 ml / ¬Ω theelepel zout

15 ml / 1 eetlepel maïsmeel (maïszetmeel)

60 ml / 4 eetlepels water

Verhit de olie en bak het krabvlees, de lente-ui en de gember 1 minuut. Voeg sojasaus, wijn of sherry en zout toe, dek af en laat 3 minuten sudderen. Roer de maïsmeel en het water erdoor tot er een pasta ontstaat, roer de pan erdoor en laat al roerend sudderen tot de saus helder en dikker wordt.

Gefrituurde inktvisgehaktballetjes

Het serveert 4

450 gram inktvis

50 g reuzel, gemalen

1 eiwit

2,5 ml / ¬Ω theelepel suiker

2,5 ml / ¬Ω theelepel maïsmeel (maïzena)

zout en versgemalen peper

frituur olie

Maak de inktvis schoon en pureer hem of verminder hem tot pulp. Meng met reuzel, eiwit, suiker en maïzena en breng op smaak met zout en peper. Druk het mengsel in balletjes. Verhit de olie en bak de inktvisballetjes, eventueel in gedeelten, tot ze in de olie drijven en goudbruin kleuren. Laat goed uitlekken en serveer onmiddellijk.

Kantonese kreeft

Het serveert 4

2 kreeften

30 ml / 2 eetlepels olie

15 ml / 1 eetlepel zwarte bonensaus

1 teentje knoflook, geperst

1 ui, gehakt

225 g gemalen varkensvlees (gemalen).

45 ml / 3 eetlepels sojasaus

5 ml / 1 theelepel suiker

zout en versgemalen peper

15 ml / 1 eetlepel maïsmeel (maïzetmeel)

75 ml / 5 eetlepels water

1 ei, losgeklopt

Breek de kreeften, verwijder het vlees en snijd ze in blokjes van 2,5 cm. Verhit de olie en bak de zwarte bonensaus, knoflook en ui goudbruin. Voeg het varkensvlees toe en bak tot het goudbruin is. Voeg sojasaus, suiker, zout, peper en kreeft toe, dek af en laat ongeveer 10 minuten sudderen. Meng de maïsmeel en het water tot een pasta, roer in de pan en laat al roerend sudderen tot de saus helder en dikker wordt. Zet het vuur uit en roer het ei erdoor voordat je het serveert.

Gebakken kreeft

Het serveert 4

450 g kreeftenvlees
30 ml / 2 eetlepels sojasaus
5 ml / 1 theelepel suiker
1 ei, losgeklopt
30 ml / 3 eetlepels bloem (voor alle toepassingen).
frituur olie

Snijd het kreeftenvlees in blokjes van 2,5 cm en breng op smaak met soja en suiker. Laat 15 minuten rusten en laat uitlekken. Klop het ei en de bloem, voeg dan de kreeft toe en meng goed om te coaten. Verhit de olie en bak de kreeft goudbruin. Laat ze voor het serveren uitlekken op keukenpapier.

Gestoomde kreeft met ham

Het serveert 4

4 eieren, lichtgeklopt

60 ml / 4 eetlepels water

5 ml / 1 theelepel zout

15 ml / 1 eetlepel sojasaus

450 g kreeftenvlees, in vlokken

15 ml / 1 eetlepel gehakte gerookte ham

15 ml / 1 eetlepel gehakte verse peterselie

Klop de eieren los met water, zout en soja. Giet het mengsel in een kom met antiaanbaklaag en strooi het over het kreeftenvlees. Plaats de kom op een rooster in een stoompan, dek af en stoom gedurende 20 minuten tot de eieren gestold zijn. Serveer gegarneerd met ham en peterselie.

Kreeft met champignons

Het serveert 4

450 g kreeftenvlees
15 ml / 1 eetlepel maïsmeel (maïszetmeel)
60 ml / 4 eetlepels water
30 ml / 2 eetlepels arachideolie (pinda).
4 lente-uitjes (lente-uitjes), in dikke plakjes gesneden
100 g champignons, in plakjes gesneden
2,5 ml / ¬Ω theelepel zout
1 teentje knoflook, geperst
30 ml / 2 eetlepels sojasaus
15 ml / 1 eetlepel rijstwijn of droge sherry

Snijd het kreeftenvlees in blokjes van 2,5 cm. Meng de maïsmeel en het water tot je een pasta krijgt en voeg de kreeftblokjes toe aan het mengsel om ze te bedekken. Verhit de helft van de olie en bak de kreeftblokjes licht goudbruin, haal ze uit de pan. Verhit de rest van de olie en bak de lente-ui goudbruin. Voeg de champignons toe en bak 3 minuten. Voeg zout, knoflook, sojasaus en wijn of sherry toe en bak 2 minuten. Doe de kreeft terug in de pan en bak tot hij heet is.

Kreeftstaarten met varkensvlees

Het serveert 4

3 gedroogde Chinese paddenstoelen
4 kreeftenstaarten
60 ml / 4 eetlepels arachideolie (pinda).
100 g gemalen varkensvlees (gemalen).
50 g waterkastanjes, fijngehakt
zout en versgemalen peper
2 teentjes knoflook, geperst
45 ml / 3 eetlepels sojasaus
30 ml / 2 eetlepels rijstwijn of droge sherry
30 ml / 2 eetlepels zwarte bonensaus
10 ml / 2 eetlepels maïsmeel (maïszetmeel)
120 ml / 4 fl oz / ¬Ω kopje water

Week de champignons 30 minuten in warm water en laat ze uitlekken. Verwijder de stelen en hak de hoedjes fijn. Snijd de kreeftenstaarten in de lengte doormidden. Haal het vlees uit de kreeftenstaarten en bewaar de schelpen. Verhit de helft van de olie en bak het varkensvlees lichtbruin. Haal van het vuur en voeg champignons, kreeftenvlees, waterkastanjes, zout en peper toe. Sluit het vlees in de kreeftenschaal en leg het op een bord. Leg ze op een grill in een stoompan, dek af en stoom ongeveer 20 minuten tot ze gaar zijn. Verhit intussen de resterende olie en fruit de knoflook, sojasaus, wijn of sherry en zwarte bonensaus gedurende 2 minuten. Meng maïsmeel en water tot je een deeg krijgt, roer het in de pan en laat al roerend sudderen tot de saus dikker wordt. Leg de kreeft op een hete serveerschaal, giet de saus erover en serveer direct.

Gewokte kreeft

Het serveert 4

450 g kreeftenstaarten
30 ml / 2 eetlepels arachideolie (pinda).

1 teentje knoflook, geperst

2,5 ml / ¬Ω theelepel zout

350 g taugé

50 g champignons

4 lente-uitjes (lente-uitjes), in dikke plakjes gesneden

150 ml / ¬° pt / overvloedig ¬Ω kopje kippenbouillon

15 ml / 1 eetlepel maïsmeel (maïszetmeel)

Kook een pan met water, voeg de kreeftenstaarten toe en kook gedurende 1 minuut. Giet af, laat afkoelen, verwijder de schil en snij in dikke plakken. Verhit de olie met de knoflook en het zout en bak tot de knoflook licht goudbruin is. Voeg de kreeft toe en bak 1 minuut. Voeg de taugé en champignons toe en bak 1 minuut. Voeg de lente-uitjes toe. Voeg het grootste deel van de bouillon toe, breng aan de kook, dek af en laat 3 minuten koken. Meng het maïzena met de overgebleven bouillon, giet het in de pan en laat al roerend sudderen tot de saus helder en dikker wordt.

Kreeft nesten

Het serveert 4

30 ml / 2 eetlepels arachideolie (pinda).

5 ml / 1 theelepel zout

1 ui, in dunne plakjes gesneden

100 g champignons, in plakjes gesneden

100 g bamboescheuten, in plakjes gesneden 225 g gekookt kreeftenvlees

15 ml / 1 eetlepel rijstwijn of droge sherry

120 ml kippenbouillon

een snufje versgemalen peper

10 ml / 2 theelepels maïsmeel (maïszetmeel)

15 ml / 1 eetlepel water

4 manden noedels

Verhit de olie en bak het zout en de ui tot ze zacht zijn. Voeg de champignons en bamboescheuten toe en bak 2 minuten. Voeg het kreeftenvlees, de wijn of de sherry en de bouillon toe, breng aan de kook, dek af en laat 2 minuten sudderen. Breng op smaak met peper. Roer de maïsmeel en het water erdoor tot je een deeg hebt, roer het in de pan en laat al roerend sudderen tot de saus dikker wordt. Plaats het noedelnest op een hete serveerschaal en garneer met de roergebakken kreeft.

Mosselen in zwarte bonensaus

Het serveert 4

45 ml / 3 eetlepels arachideolie (pinda).
2 teentjes knoflook, geperst
2 plakjes gember, gehakt
30 ml / 2 eetlepels zwarte bonensaus
15 ml / 1 eetlepel sojasaus
1,5 kg mosselen, gewassen en bebaard
2 lente-uitjes (lente-uitjes), gehakt

Verhit de olie en fruit de knoflook en gember gedurende 30 seconden. Voeg de zwarte bonensaus en de sojasaus toe en roerbak 10 seconden. Voeg de mosselen toe, dek af en kook ongeveer 6 minuten tot de mosselen opengaan. Gooi alles weg dat gesloten blijft. Doe over in een warme serveerschaal en serveer, bestrooid met lente-uitjes.

Mosselen met gember

Het serveert 4

45 ml / 3 eetlepels arachideolie (pinda).
2 teentjes knoflook, geperst
4 plakjes gemberwortel, gehakt
1,5 kg mosselen, gewassen en bebaard
45 ml / 3 eetlepels water
15 ml / 1 eetlepel oestersaus

Verhit de olie en fruit de knoflook en gember gedurende 30 seconden. Voeg de mosselen en het water toe, dek af en kook ongeveer 6 minuten tot de mosselen opengaan. Gooi alles weg dat gesloten blijft. Doe over in een warme serveerschaal en serveer besprenkeld met oestersaus.

Gestoomde mosselen

Het serveert 4

1,5 kg mosselen, gewassen en bebaard
45 ml / 3 eetlepels sojasaus
3 lente-uitjes (lente-uitjes), fijngehakt

Leg de mosselen op een rooster in een stoompan, dek af en stoom ze in kokend water gedurende ongeveer 10 minuten tot alle mosselen open zijn. Gooi alles weg dat gesloten blijft. Doe over in een warme serveerschaal en serveer, bestrooid met sojasaus en lente-ui.

Gebakken oesters

Het serveert 4

24 oesters, gepeld
zout en versgemalen peper
1 ei, losgeklopt
50 g / 2 oz / ¬Ω kopje gewone bloem (universeel).
250 ml / 8 fl oz / 1 kopje water
frituur olie
4 lente-uitjes (lente-uitjes), gehakt

Bestrooi de oesters met zout en peper. Klop het ei met de bloem en het water tot een beslag ontstaat en bestrijk hiermee de oesters. Verhit de olie en bak de oesters goudbruin. Laat ze uitlekken op keukenpapier en serveer gegarneerd met lente-uitjes.

Oesters met spek

Het serveert 4

175 g spek

24 oesters, gepeld

1 ei, lichtgeklopt

15 ml / 1 eetlepel water

45 ml / 3 eetlepels arachideolie (pinda).

2 uien, gehakt

15 ml / 1 eetlepel maïsmeel (maïszetmeel)

15 ml / 1 eetlepel sojasaus

90 ml / 6 eetlepels kippenbouillon

Snij het spek in stukjes en wikkel om elke oester een stukje. Klop het ei los met het water en dompel het vervolgens in de oesters zodat het bedekt is. Verhit de helft van de olie en bak de oesters aan beide kanten goudbruin, haal ze vervolgens uit de pan en laat het vet uitlekken. Verhit de rest van de olie en bak de ui glazig. Meng het maizena, de sojasaus en de bouillon tot je een pasta hebt, giet het in de pan en laat al roerend sudderen tot de saus helder en dikker wordt. Giet over de oesters en serveer onmiddellijk.

Gebakken oesters met gember

Het serveert 4

24 oesters, gepeld

2 plakjes gember, gehakt

30 ml / 2 eetlepels sojasaus

15 ml / 1 eetlepel rijstwijn of droge sherry

4 lente-uitjes (lente-uitjes), in reepjes gesneden

100 gram spek

1 ei

50 g / 2 oz / ¬Ω kopje gewone bloem (universeel).

zout en versgemalen peper

frituur olie

1 citroen, in partjes gesneden

Doe de oesters in een kom met de gember, sojasaus en wijn of sherry en roer goed door elkaar. Laat 30 minuten rusten. Leg op elke oester een paar reepjes lente-ui. Snij het spek in stukjes en wikkel om elke oester een stukje. Klop de eieren en de bloem tot een beslag en breng op smaak met zout en peper. Dompel de oesters in het beslag tot ze goed bedekt zijn. Verhit de olie en bak de oesters goudbruin. Serveer gegarneerd met partjes citroen.

Oesters met zwarte bonensaus

Het serveert 4

350 g gepelde oesters
120 ml / 4 fl oz / ¬Ω kopje pindaolie (pinda).
2 teentjes knoflook, geperst
3 lente-uitjes (lente-uitjes), in plakjes gesneden
15 ml / 1 eetlepel zwarte bonensaus
30 ml / 2 eetlepels donkere sojasaus
15 ml / 1 eetlepel sesamolie
een snufje chilipoeder

Blancheer de oesters 30 seconden in kokend water en laat ze uitlekken. Verhit de olie en bak de knoflook en lente-uitjes gedurende 30 seconden. Voeg de zwarte bonensaus, sojasaus, sesamolie en oesters toe en breng op smaak met chilipoeder. Bak tot het heet is en serveer onmiddellijk.

Sint-Jakobsschelpen met bamboescheuten

Het serveert 4

60 ml / 4 eetlepels arachideolie (pinda).

6 lente-uitjes (lente-uitjes), gehakt

225 g champignons, in vieren

15 ml / 1 eetlepel suiker

450 g gepelde Sint-Jakobsschelpen

2 plakjes gember, gehakt

225 g bamboescheuten, in plakjes gesneden

zout en versgemalen peper

300 ml / ¬Ω pt / 1 ¬ ° kopje water

30 ml / 2 eetlepels azijn

30 ml / 2 eetlepels maïsmeel (maïszetmeel)

150 ml / ¬° pt / overvloedig ¬Ω kopje water

45 ml / 3 eetlepels sojasaus

Verhit de olie en bak de lente-uitjes en champignons 2 minuten. Voeg suiker, sint-jakobsschelpen, gember, bamboescheuten, zout en peper toe, dek af en kook gedurende 5 minuten. Voeg het water en de azijn toe, breng aan de kook, dek af en laat 5 minuten koken. Meng de maïsmeel en het water tot een pasta, roer het in de pan en laat al roerend sudderen tot de saus dikker wordt. Sprenkel er sojasaus over en serveer.

Pelgrims met eieren

Het serveert 4

45 ml / 3 eetlepels arachideolie (pinda).
350 g gepelde Sint-Jakobsschelpen
25 g gerookte ham, gehakt
30 ml / 2 eetlepels rijstwijn of droge sherry
5 ml / 1 theelepel suiker
2,5 ml / ¬Ω theelepel zout
een snufje versgemalen peper
2 eieren, lichtgeklopt
15 ml / 1 eetlepel sojasaus

Verhit de olie en bak de coquilles gedurende 30 seconden. Voeg de ham toe en bak 1 minuut. Voeg wijn of sherry, suiker, zout en peper toe en bak 1 minuut. Voeg de eieren toe en meng voorzichtig op hoog vuur tot de ingrediënten goed bedekt zijn met het ei. Serveer bestrooid met sojasaus.

Sint-jakobsschelpen met broccoli

Het serveert 4

350 g Sint-jakobsschelpen, in plakjes

3 plakjes gemberwortel, gehakt

¬Ω kleine wortel, in plakjes gesneden

1 teentje knoflook, geperst

45 ml / 3 eetlepels bloem (voor alle toepassingen).

2,5 ml / ¬Ω theelepel bakpoeder (bakpoeder)

30 ml / 2 eetlepels arachideolie (pinda).

15 ml / 1 eetlepel water

1 banaan, in plakjes gesneden

frituur olie

275 g broccoli

zout-

5 ml / 1 theelepel sesamolie

2,5 ml / ¬Ω theelepel chilisaus

2,5 ml / ¬Ω theelepel azijn

2,5 ml / ¬Ω theelepel tomatenpuree √ © e (pasta)

Meng de coquilles met gember, wortel en knoflook en laat rusten. Meng bloem, bakpoeder, 15 ml / 1 eetlepel olie en water tot een deeg en bedek hiermee de plakjes banaan. Verhit de olie en bak de banaan goudbruin, laat uitlekken en schik rond een warme serveerschaal. Kook ondertussen de broccoli in kokend gezouten water tot ze gaar zijn en laat ze uitlekken. Verhit de resterende olie met de sesamolie en bak de broccoli kort. Schik ze vervolgens rond de bakplaat met de bananen. Voeg chilisaus, azijn en tomatenpuree toe aan de pan en bak de sint-jakobsschelpen tot ze gaar zijn. Giet op een serveerbord en serveer onmiddellijk.

Pelgrims met gember

Het serveert 4

45 ml / 3 eetlepels arachideolie (pinda).
2,5 ml / ¬Ω theelepel zout
3 plakjes gemberwortel, gehakt
2 lente-uitjes (lente-uitjes), in dikke plakjes gesneden
450 g gepelde Sint-Jakobsschelpen, gehalveerd
15 ml / 1 eetlepel maïsmeel (maïszetmeel)
60 ml / 4 eetlepels water

Verhit de olie en bak het zout en de gember gedurende 30 seconden. Voeg de lente-ui toe en bak deze goudbruin. Voeg de coquilles toe en bak 3 minuten. Meng maïsmeel en water tot je een deeg hebt, doe het in de pan en laat al roerend koken tot het dik is. Serveer onmiddellijk.

Pelgrims met ham

Het serveert 4

450 g gepelde Sint-Jakobsschelpen, gehalveerd

250 ml rijstwijn of droge sherry

1 ui, fijngehakt

2 plakjes gember, gehakt

2,5 ml / ¬Ω theelepel zout

100 g gerookte ham, in stukjes gesneden

Doe de sint-jakobsschelpen in een kom en voeg de wijn of sherry toe. Dek af en laat 30 minuten marineren, af en toe keren, laat de sint-jakobsschelpen uitlekken en gooi de marinade weg. Doe de coquilles samen met de overige ingrediënten in een ovenschaal. Zet de pan op een rooster in een stoompan, dek af en stoom in kokend water gedurende ongeveer 6 minuten tot de sint-jakobsschelpen gaar zijn.

Kruiden Sint-jakobsschelp

Het serveert 4

225 g gepelde Sint-Jakobsschelpen
30 ml / 2 eetlepels gehakte verse koriander
4 eieren, losgeklopt
15 ml / 1 eetlepel rijstwijn of droge sherry
zout en versgemalen peper
15 ml / 1 eetlepel arachideolie (pinda).

Doe de sint-jakobsschelpen in een stoompan en stoom ze in ongeveer 3 minuten gaar, afhankelijk van de grootte. Haal uit de stoompan en bestrooi met koriander. Klop de eieren los met de wijn of sherry en breng op smaak met peper en zout. Voeg de sint-jakobsschelpen en koriander toe. Verhit de olie en bak het ei en de Sint-jakobsschelp, onder voortdurend roeren, tot de eieren net gestold zijn. Serveer onmiddellijk.

Gewokte Sint-jakobsschelpen en uien

Het serveert 4

45 ml / 3 eetlepels arachideolie (pinda).

1 ui, gesneden

450 g gepelde Sint-Jakobsschelpen, in vieren

zout en versgemalen peper

15 ml / 1 eetlepel rijstwijn of droge sherry

Verhit de olie en bak de ui tot ze zacht is. Voeg de coquilles toe en bak ze goudbruin. Breng op smaak met peper en zout, besprenkel met wijn of sherry en serveer onmiddellijk.

Pelgrims Met Groenten

Het serveert 4,Äì6

4 gedroogde Chinese champignons
2 uien
30 ml / 2 eetlepels arachideolie (pinda).
3 stengels bleekselderij, diagonaal gesneden
225 g sperziebonen, diagonaal gesneden
10 ml / 2 theelepels geraspte gemberwortel
1 teentje knoflook, geperst
20 ml / 4 theelepels maïsmeel (maïszetmeel)
250 ml / 8 fl oz / 1 kop kippenbouillon
30 ml / 2 eetlepels rijstwijn of droge sherry
30 ml / 2 eetlepels sojasaus
450 g gepelde Sint-Jakobsschelpen, in vieren
6 lente-uitjes (lente-uitjes), in plakjes gesneden
425 g ingeblikte maïskolven

Week de champignons 30 minuten in warm water en laat ze uitlekken. Verwijder de stelen en snijd de hoedjes in stukjes. Snijd de ui in partjes en scheid de lagen. Verhit de olie en fruit de ui, bleekselderij, bonen, gember en knoflook gedurende 3 minuten. Meng de maïzena met een beetje bouillon en voeg vervolgens de resterende bouillon, wijn of sherry en sojasaus toe.

Voeg toe aan de wok en breng al roerend aan de kook. Voeg champignons, coquilles, lente-uitjes en maïs toe en bak ongeveer 5 minuten tot de coquilles zacht zijn.

Sint-jakobsschelpen Met Paprika

Het serveert 4

30 ml / 2 eetlepels arachideolie (pinda).

3 lente-uitjes (lente-uitjes), gehakt

1 teentje knoflook, geperst

2 plakjes gember, gehakt

2 rode paprika's, in blokjes gesneden

450 g gepelde Sint-Jakobsschelpen

30 ml / 2 eetlepels rijstwijn of droge sherry

15 ml / 1 eetlepel sojasaus

15 ml / 1 eetlepel gele bonensaus

5 ml / 1 theelepel suiker

5 ml / 1 theelepel sesamolie

Verhit de olie en fruit de lente-uitjes, knoflook en gember gedurende 30 seconden. Voeg de paprika toe en bak 1 minuut. Voeg de sint-jakobsschelpen toe en bak gedurende 30 seconden. Voeg vervolgens de andere ingrediënten toe en kook ongeveer 3 minuten tot de sint-jakobsschelpen gaar zijn.

Octopus met taugé

Het serveert 4

450 gram inktvis

30 ml / 2 eetlepels arachideolie (pinda).

15 ml / 1 eetlepel rijstwijn of droge sherry

100 g taugé

15 ml / 1 eetlepel sojasaus

zout-

1 rode chilipeper, gehakt

2 plakjes gember, gehakt

2 lente-uitjes (lente-uitjes), gehakt

Verwijder de kop, de darmen en het membraan van de inktvis en snijd deze in grote stukken. Knip op elk stuk een kruispatroon. Kook een pan met water, voeg de inktvis toe en laat sudderen tot de stukken zijn opgerold, giet af en laat uitlekken. Verhit de helft van de olie en bak de inktvis snel. Blus af met wijn of sherry. Verhit intussen de resterende olie en bak de taugé net gaar. Breng op smaak met sojasaus en zout. Schik de chilipeper, gember en lente-ui rond een serveerschaal. Leg de taugé in het midden en leg de inktvis erop. Serveer onmiddellijk.

Gefrituurde inktvis

Het serveert 4

50 g bloem (voor alle toepassingen).

25 g / 1 oz / ¬° kopje maïsmeel (maïzena)

2,5 ml / ¬Ω theelepel bakpoeder

2,5 ml / ¬Ω theelepel zout

1 ei

75 ml / 5 eetlepels water

15 ml / 1 eetlepel arachideolie (pinda).

450 g inktvis, in ringen gesneden

frituur olie

Klop de bloem, maizena, bakpoeder, zout, ei, water en olie tot er een beslag ontstaat. Dompel de inktvis in het beslag tot hij goed bedekt is. Verhit de olie en bak de inktvis met een paar stukjes tegelijk goudbruin. Laat ze voor het serveren uitlekken op keukenpapier.

Pakket Octopus

Het serveert 4

8 gedroogde Chinese paddenstoelen

450 gram inktvis

100 g gerookte ham

100 g tofu

1 ei, losgeklopt

15 ml / 1 eetlepel bloem (voor alle toepassingen).

2,5 ml / ¬Ω theelepel suiker

2,5 ml / ¬Ω theelepel sesamolie

zout en versgemalen peper
8 wontonvellen
frituur olie

Week de champignons 30 minuten in warm water en laat ze uitlekken. Gooi de stengels weg. Maak de inktvis schoon en snijd deze in 8 stukken. Snij de ham en tofu in 8 stukken. Doe ze allemaal in een kom. Meng het ei met bloem, suiker, sesamolie, zout en peper. Giet de ingrediënten in de kom en meng voorzichtig. Plaats een champignon en een stuk inktvis, ham en tofu net onder het midden van elk wontonvel. Vouw de onderste hoek naar achteren, vouw de zijkanten naar binnen en rol het vervolgens op. Maak de randen nat met water om ze af te dichten. Verhit de olie en bak de dumplings in ongeveer 8 minuten goudbruin. Laat goed uitlekken voordat je het serveert.

Gebakken inktvisrolletjes

Het serveert 4

45 ml / 3 eetlepels arachideolie (pinda).

225 g octopusringen

1 grote groene paprika, in stukjes gesneden

100 g bamboescheuten, in plakjes gesneden

2 lente-uitjes (lente-uitjes), fijngehakt

1 schijfje gember, fijngehakt

45 ml / 2 eetlepels sojasaus

30 ml / 2 eetlepels rijstwijn of droge sherry

15 ml / 1 eetlepel maïsmeel (maïszetmeel)

15 ml / 1 eetlepel visbouillon of water

5 ml / 1 theelepel suiker

5 ml / 1 theelepel azijn

5 ml / 1 theelepel sesamolie

zout en versgemalen peper

Verhit 15 ml / 1 eetlepel olie en bak de inktvisringen snel totdat ze goed gesloten zijn. Verhit ondertussen de overige olie in een aparte pan en bak de paprika, bamboescheuten, lente-uitjes en gember 2 minuten. Voeg de inktvis toe en bak 1 minuut. Meng sojasaus, wijn of sherry, maizena, bouillon, suiker, azijn en sesamolie en breng op smaak met zout en peper. Bak tot de saus helder en dikker wordt.

Gewokte inktvis

Het serveert 4

45 ml / 3 eetlepels arachideolie (pinda).
3 lente-uitjes (lente-uitjes), in dikke plakjes gesneden
2 plakjes gember, gehakt
450 g inktvis, in stukjes gesneden
15 ml / 1 eetlepel sojasaus
15 ml / 1 eetlepel rijstwijn of droge sherry
5 ml / 1 theelepel maïsmeel (maïszetmeel)
15 ml / 1 eetlepel water

Verhit de olie en bak de lente-uitjes en gember tot ze zacht zijn. Voeg de inktvis toe en bak tot hij bedekt is met olie. Voeg sojasaus en wijn of sherry toe, dek af en laat 2 minuten sudderen. Meng de maïsmeel en het water tot je een deeg hebt, doe het in de pan en laat al roerend sudderen tot de saus dikker wordt en de inktvis gaar is.

Octopus Met Droge Paddestoel

Het serveert 4

50 g gedroogde Chinese champignons
450 g octopusringen
45 ml / 3 eetlepels arachideolie (pinda).
45 ml / 3 eetlepels sojasaus
2 lente-uitjes (lente-uitjes), fijngehakt
1 schijfje gember, fijngehakt
225 g bamboescheuten, in reepjes gesneden
30 ml / 2 eetlepels maïsmeel (maïszetmeel)
150 ml / ¬° pt / goed ¬Ω kopje visbouillon

Week de champignons 30 minuten in warm water en laat ze uitlekken. Verwijder de stelen en snijd de hoedjes in stukjes. Blancheer de inktvisringen enkele seconden in kokend water. Verhit de olie, voeg vervolgens de champignons, sojasaus, lente-ui en gember toe en bak 2 minuten. Voeg de inktvis en bamboescheuten toe en bak 2 minuten. Meng het maizena en de bouillon en roer dit door de pan. Laat al roerend sudderen tot de saus helder en dikker wordt.

Octopus Met Groenten

Het serveert 4

45 ml / 3 eetlepels arachideolie (pinda).

1 ui, gesneden

5 ml / 1 theelepel zout

450 g inktvis, in stukjes gesneden

100 g bamboescheuten, in plakjes gesneden

2 stengels bleekselderij, diagonaal gesneden

60 ml / 4 eetlepels kippenbouillon

5 ml / 1 theelepel suiker

100 g peultjes (peultjes)

5 ml / 1 theelepel maïsmeel (maïszetmeel)

15 ml / 1 eetlepel water

Verhit de olie en bak de ui en het zout goudbruin. Voeg de inktvis toe en bak tot deze bedekt is met olie. Voeg bamboescheuten en selderij toe en bak gedurende 3 minuten. Voeg de bouillon en de suiker toe, breng aan de kook, dek af en laat 3 minuten koken tot de groenten gaar zijn. Peultjes toevoegen. Meng maïsmeel en water tot je een pasta hebt, roer het in de pan en laat al roerend sudderen tot de saus dikker wordt.

Gestoofd rundvlees met anijs

Het serveert 4

30 ml / 2 eetlepels arachideolie (pinda).

450 g rundergehakt

1 teentje knoflook, geperst

45 ml / 3 eetlepels sojasaus

15 ml / 1 eetlepel water

15 ml / 1 eetlepel rijstwijn of droge sherry

5 ml / 1 theelepel zout

5 ml / 1 theelepel suiker

2 kruidnagels steranijs

Verhit de olie en bak het vlees aan alle kanten goudbruin. Voeg de overige ingrediënten toe, breng aan de kook, dek af en laat ongeveer 45 minuten sudderen. Draai het vlees dan om en voeg nog wat water en sojasaus toe als het vlees uitdroogt. Laat nog 45 minuten koken tot het vlees gaar is. Gooi de steranijs weg voordat je hem serveert.

Rundvlees met asperges

Het serveert 4

450 g rundvlees, in blokjes

30 ml / 2 eetlepels sojasaus

30 ml / 2 eetlepels rijstwijn of droge sherry

45 ml / 3 eetlepels maïsmeel (maïszetmeel)

45 ml / 3 eetlepels arachideolie (pinda).

5 ml / 1 theelepel zout

1 teentje knoflook, geperst

350 g aspergetips

120 ml kippenbouillon

15 ml / 1 eetlepel sojasaus

Doe de biefstuk in een kom. Meng sojasaus, wijn of sherry en 30 ml / 2 eetlepels maïzena, giet het over het braadstuk en meng goed. Laat 30 minuten marineren. Verhit de olie met zout en knoflook en bak tot de knoflook licht goudbruin is. Voeg het vlees en de marinade toe en bak 4 minuten. Voeg de asperges toe en bak deze 2 minuten in een pan. Voeg de bouillon en de soja toe, breng aan de kook en laat al roerend 3 minuten koken tot het vlees gaar is. Meng de rest van de maïzena met nog wat water of bouillon en voeg dit toe aan de saus. Laat al roerend een paar minuten sudderen tot de saus lichter en dikker is geworden.

Rundvlees met bamboescheuten

Het serveert 4

45 ml / 3 eetlepels arachideolie (pinda).

1 teentje knoflook, geperst

1 lente-ui (lente-uitjes), gehakt

1 schijfje gember, fijngehakt

225 g mager rundvlees, in reepjes gesneden

100 g bamboescheuten

45 ml / 3 eetlepels sojasaus

15 ml / 1 eetlepel rijstwijn of droge sherry

5 ml / 1 theelepel maïsmeel (maïszetmeel)

Verhit de olie en bak de knoflook, lente-ui en gember goudbruin. Voeg het vlees toe en bak het in 4 minuten goudbruin. Voeg de bamboescheuten toe en bak 3 minuten. Voeg sojasaus, wijn of sherry en maïzena toe en bak gedurende 4 minuten.

Rundvlees met bamboescheuten en champignons

Het serveert 4

225 g mager rundvlees

45 ml / 3 eetlepels arachideolie (pinda).

1 schijfje gember, fijngehakt

100 g bamboescheuten, in plakjes gesneden

100 g champignons, in plakjes gesneden

45 ml / 3 eetlepels rijstwijn of droge sherry

5 ml / 1 theelepel suiker

10 ml / 2 theelepels sojasaus

zout en peper

120 ml runderbouillon

15 ml / 1 eetlepel maïsmeel (maïszetmeel)

30 ml / 2 eetlepels water

Snijd het vlees dun tegen de draad in. Verhit de olie en bak de gember een paar seconden. Voeg het vlees toe en bak tot het goudbruin is. Voeg de bamboescheuten en champignons toe en bak 1 minuut. Voeg wijn of sherry, suiker en soja toe en breng op smaak met zout en peper. Voeg de bouillon toe, breng aan de kook, dek af en laat 3 minuten koken. Meng het maïzena en het water, giet het in de pan en laat al roerend sudderen tot de saus dikker wordt.

Chinees gestoofd rundvlees

Het serveert 4

45 ml / 3 eetlepels arachideolie (pinda).

900 gram biefstuk

1 lente-ui (sjalot), in plakjes gesneden

1 teentje knoflook, gehakt

1 schijfje gember, fijngehakt

60 ml / 4 eetlepels sojasaus

30 ml / 2 eetlepels rijstwijn of droge sherry

5 ml / 1 theelepel suiker

5 ml / 1 theelepel zout

snufje peper

750 ml / 1° punt / 3 kopjes kokend water

Verhit de olie en bak het vlees snel aan alle kanten bruin. Voeg lente-uitjes, knoflook, gember, soja, wijn of sherry, suiker, zout en peper toe. Breng al roerend aan de kook. Voeg het kokende water toe, breng al roerend opnieuw aan de kook, dek af en laat ongeveer 2 uur sudderen tot het vlees gaar is.

Rundvlees met taugé

Het serveert 4

450 g mager rundvlees, in plakjes gesneden

1 eiwit

30 ml / 2 eetlepels arachideolie (pinda).

15 ml / 1 eetlepel maïsmeel (maïszetmeel)

15 ml / 1 eetlepel sojasaus

100 g taugé

25 g zuurkool, versnipperd

1 rode chilipeper, gehakt

2 lente-uitjes (lente-uitjes), gehakt

2 plakjes gember, gehakt

zout-

5 ml / 1 theelepel oestersaus

5 ml / 1 theelepel sesamolie

Meng het vlees met het eiwit, de helft van de olie, de maïzena en de sojasaus en laat 30 minuten rusten. Blancheer de taugé in kokend water gedurende ongeveer 8 minuten tot ze bijna zacht zijn, laat ze uitlekken. Verhit de resterende olie en bak het vlees bruin en haal het vervolgens uit de pan. Voeg kool, chili, gember, zout, oestersaus en sesamolie toe en bak 2 minuten. Voeg de taugé toe en bak 2 minuten. Doe het vlees terug in de pan en bak tot het goed gemengd en warm is. Serveer onmiddellijk.

Rundvlees met broccoli

Het serveert 4

450 g rundvlees, in dunne plakjes gesneden
30 ml / 2 eetlepels maïsmeel (maïszetmeel)
15 ml / 1 eetlepel rijstwijn of droge sherry
15 ml / 1 eetlepel sojasaus
30 ml / 2 eetlepels arachideolie (pinda).
5 ml / 1 theelepel zout
1 teentje knoflook, geperst
225 g broccoliroosjes
150 ml / ¬° pt / overvloedig ¬Ω kopje runderbouillon

Doe de biefstuk in een kom. Meng 15 ml / 1 eetlepel maïzena met de wijn of sherry en sojasaus, voeg het vlees toe en laat 30 minuten marineren. Verhit de olie met zout en knoflook en bak tot de knoflook licht goudbruin is. Voeg de biefstuk en de marinade toe en bak 4 minuten. Voeg de broccoli toe en bak 3 minuten. Voeg de bouillon toe, breng aan de kook, dek af en laat 5 minuten koken tot de broccoli gaar maar nog knapperig is. Meng de rest van de maïzena met een beetje water en voeg dit toe aan de saus. Laat al roerend sudderen tot de saus helder en dikker wordt.

Sesamsteak met broccoli

Het serveert 4

150 g mager rundvlees, in dunne plakjes gesneden

2,5 ml / ¬Ω theelepel oestersaus

5 ml / 1 theelepel maïsmeel (maïszetmeel)

5 ml / 1 theelepel witte wijnazijn

60 ml / 4 eetlepels arachideolie (pinda).

100 g broccoliroosjes

5 ml / 1 theelepel vissaus

2,5 ml / ¬Ω theelepel sojasaus

250 ml runderbouillon

30 ml / 2 eetlepels sesamzaadjes

Marineer het vlees met de oestersaus, 2,5 ml / ¬Ω theelepel maizena, 2,5 ml / ¬Ω theelepel azijn en 15 ml / 1 eetlepel olie gedurende 1 uur.

Verhit intussen 15 ml / 1 eetlepel olie, voeg de broccoli, 2,5 ml / ¬Ω theelepels vissaus, de sojasaus en de resterende azijn toe en bedek het geheel met kokend water. Laat ongeveer 10 minuten sudderen tot het net gaar is.

Verhit 30 ml / 2 el olie in een aparte pan en bak het rundvlees kort tot het dik is. Voeg de bouillon, de resterende maïzena en de vissaus toe, breng aan de kook, dek af en laat ongeveer 10 minuten sudderen tot het vlees gaar is. Giet de broccoli af en plaats deze op een warme serveerschaal. Bedek met het vlees en bestrooi rijkelijk met sesamzaadjes.

Gegrilde biefstuk

Het serveert 4

450 g magere biefstuk, in plakjes gesneden
60 ml / 4 eetlepels sojasaus
2 teentjes knoflook, geperst
5 ml / 1 theelepel zout
2,5 ml / ¬Ω theelepel versgemalen peper

10 ml / 2 theelepels suiker

Meng alle ingrediënten en laat 3 uur marineren. Grill of grill (gefrituurd) op een hete grill gedurende ongeveer 5 minuten per kant.

Kantonees rundvlees

Het serveert 4

30 ml / 2 eetlepels maïsmeel (maïszetmeel)
2 eiwitten stijfgeklopt
450 g biefstuk, in reepjes gesneden
frituur olie
4 stengels bleekselderij, in plakjes gesneden
2 uien, gesneden

60 ml / 4 eetlepels water
20 ml / 4 theelepels zout
75 ml / 5 eetlepels sojasaus
60 ml / 4 eetlepels rijstwijn of droge sherry
30 ml / 2 eetlepels suiker
versgemalen peper

Meng de helft van het maizena met het eiwit. Voeg de biefstuk toe en roer om het vlees met het beslag te bedekken. Verhit de olie en bak de biefstuk goudbruin. Haal uit de pan en laat uitlekken op keukenpapier. Verhit 15 ml / 1 eetlepel olie en bak de bleekselderij en ui gedurende 3 minuten. Voeg vlees, water, zout, soja, wijn of sherry en suiker toe en breng op smaak met peper. Breng aan de kook en laat al roerend sudderen tot de saus dikker wordt.

Rundvlees Met Wortelen

Het serveert 4

30 ml / 2 eetlepels arachideolie (pinda).
450 g mager rundvlees, in blokjes
2 lente-uitjes (lente-uitjes), in plakjes gesneden
2 teentjes knoflook, geperst
1 schijfje gember, fijngehakt
250 ml sojasaus

30 ml / 2 eetlepels rijstwijn of droge sherry

30 ml / 2 eetlepels bruine suiker

5 ml / 1 theelepel zout

600 ml / 1 pt / 2 ¬Ω kopje water

4 wortels, diagonaal gesneden

Verhit de olie en bak het vlees goudbruin. Giet overtollige olie af en voeg lente-uitjes, knoflook, gember en anijs toe en bak 2 minuten. Voeg sojasaus, wijn of sherry, suiker en zout toe en meng goed. Voeg water toe, breng aan de kook, dek af en laat 1 uur sudderen. Voeg de wortels toe, dek af en kook nog eens 30 minuten. Verwijder het deksel en laat sudderen tot de saus is ingekookt.

Rundvlees met cashewnoten

Het serveert 4

60 ml / 4 eetlepels arachideolie (pinda).

450 g rundvlees, in dunne plakjes gesneden

8 lente-uitjes (lente-uitjes), in stukjes gesneden

2 teentjes knoflook, geperst

1 schijfje gember, fijngehakt

75 g / 3 oz / ¬œ kopje geroosterde cashewnoten

120 ml / 4 fl oz / ¬Ω kopje water

20 ml / 4 theelepels maïsmeel (maïszetmeel)

20 ml / 4 theelepels sojasaus

5 ml / 1 theelepel sesamolie

5 ml / 1 theelepel oestersaus

5 ml / 1 theelepel chilisaus

Verhit de helft van de olie en bak het vlees goudbruin. Haal uit de pan. Verhit de resterende olie en fruit de lente-ui, knoflook, gember en cashewnoten gedurende 1 minuut. Doe het vlees terug in de pan. Meng de overige ingrediënten en giet het mengsel in de pan. Breng aan de kook en laat al roerend sudderen tot het mengsel dikker wordt.

Slowcooker van rundvlees

Het serveert 4

30 ml / 2 eetlepels arachideolie (pinda).

450 g stoofvlees, in blokjes

3 plakjes gemberwortel, gehakt

3 wortels, in plakjes gesneden

1 raap, in blokjes gesneden

15 ml / 1 eetlepel zwarte dadels, ontpit

15 ml / 1 eetlepel lotuszaden

30 ml / 2 eetlepels tomatenpuree √ © e (pasta)

10 ml / 2 eetlepels zout

900 ml runderbouillon

250 ml rijstwijn of droge sherry

Verhit de olie in een grote vuurvaste pan of koekenpan en bak het vlees tot het aan alle kanten dichtgeschroeid is.

Rundvlees met bloemkool

Het serveert 4

225 g bloemkoolroosjes

frituur olie

225 g rundvlees, in reepjes gesneden

50 g bamboescheuten, in reepjes gesneden

10 waterkastanjes, in reepjes gesneden

120 ml kippenbouillon

15 ml / 1 eetlepel sojasaus

15 ml / 1 eetlepel oestersaus

15 ml / 1 eetlepel tomatenpuree √ © e (pasta)

15 ml / 1 eetlepel maïsmeel (maïszetmeel)

2,5 ml / ¬Ω theelepel sesamolie

Blancheer de bloemkool 2 minuten in kokend water en laat uitlekken. Verhit de olie en bak de bloemkool goudbruin. Giet af en laat uitlekken op keukenpapier. Verhit de olie en bak het vlees lichtbruin, laat uitlekken en laat uitlekken. Giet er op 15 ml/1 eetlepel olie na en bak de bamboescheuten en waterkastanjes gedurende 2 minuten. Voeg de overige ingrediënten toe, breng aan de kook en laat al roerend sudderen tot de saus dikker wordt. Doe het vlees en de bloemkool terug in de pan en verwarm zachtjes. Serveer onmiddellijk.

Rundvlees met selderij

Het serveert 4

100 g bleekselderij, in reepjes gesneden
45 ml / 3 eetlepels arachideolie (pinda).
2 lente-uitjes (lente-uitjes), gehakt
1 schijfje gember, fijngehakt
225 g mager rundvlees, in reepjes gesneden
30 ml / 2 eetlepels sojasaus
30 ml / 2 eetlepels rijstwijn of droge sherry
2,5 ml / ¬Ω theelepel suiker
2,5 ml / ¬Ω theelepel zout

Blancheer de bleekselderij 1 minuut in kokend water en laat goed uitlekken. Verhit de olie en bak de lente-uitjes en gember goudbruin. Voeg het vlees toe en bak 4 minuten. Voeg de bleekselderij toe en bak 2 minuten. Voeg sojasaus, wijn of sherry, suiker en zout toe en bak 3 minuten.

Gebakken Plakjes Rundvlees Met Selderij

Het serveert 4

30 ml / 2 eetlepels arachideolie (pinda).

450 g mager rundvlees, in vlokken gesneden

3 stengels bleekselderij, gehakt

1 ui, gehakt

1 lente-ui (sjalot), in plakjes gesneden

1 schijfje gember, fijngehakt

30 ml / 2 eetlepels sojasaus

15 ml / 1 eetlepel rijstwijn of droge sherry

2,5 ml / ¬Ω theelepel suiker

2,5 ml / ¬Ω theelepel zout

10 ml / 2 theelepels maïsmeel (maïszetmeel)

30 ml / 2 eetlepels water

Verhit de helft van de olie tot deze zeer heet is en bak het vlees in 1 minuut goudbruin. Haal uit de pan. Verhit de resterende olie en bak de bleekselderij, ui, lente-ui en gember tot ze iets zacht zijn. Doe het vlees terug in de pan met de sojasaus, wijn of sherry, suiker en zout, breng aan de kook en roerbak het opnieuw. Meng de maïzena en het water, roer het in de pan en laat sudderen tot de saus is ingedikt. Serveer onmiddellijk.

Gesneden rundvlees met kip en selderij

Het serveert 4

4 gedroogde Chinese champignons
45 ml / 3 eetlepels arachideolie (pinda).
2 teentjes knoflook, geperst
1 gemberwortel, in plakjes gesneden, gehakt
5 ml / 1 theelepel zout
100 g mager rundvlees, in reepjes gesneden
100 g kip, in reepjes gesneden
2 wortels, in reepjes gesneden
2 stengels bleekselderij, in reepjes gesneden
4 lente-uitjes (lente-uitjes), in reepjes gesneden
5 ml / 1 theelepel suiker
5 ml / 1 theelepel sojasaus
5 ml / 1 theelepel rijstwijn of droge sherry

45 ml / 3 eetlepels water

5 ml / 1 theelepel maïsmeel (maïszetmeel)

Week de champignons 30 minuten in warm water en laat ze uitlekken. Verwijder de stelen en hak de hoedjes fijn. Verhit de olie en bak de knoflook, gember en zout goudbruin. Voeg het rundvlees en de kip toe en bak tot ze beginnen te kleuren. Voeg selderij, lente-uitjes, suiker, soja, wijn of sherry en water toe en breng aan de kook. Dek af en laat ongeveer 15 minuten sudderen tot het vlees gaar is. Meng de maizena met een beetje water, voeg het toe aan de saus en laat al roerend koken tot de saus dikker wordt.

Biefstuk met chili

Het serveert 4

450 g rundvlees, in reepjes gesneden

45 ml / 3 eetlepels sojasaus

15 ml / 1 eetlepel rijstwijn of droge sherry

15 ml / 1 eetlepel bruine suiker

15 ml / 1 eetlepel fijngehakte gemberwortel
30 ml / 2 eetlepels arachideolie (pinda).
50 g bamboescheuten, in luciferstokjes gesneden
1 ui, in reepjes gesneden
1 stengel bleekselderij, in luciferstokjes gesneden
2 rode pepers zonder zaadjes en in reepjes gesneden
120 ml kippenbouillon
15 ml / 1 eetlepel maïsmeel (maïszetmeel)

Doe de biefstuk in een kom. Meng de soja, wijn of sherry, suiker en gember en combineer dit met de biefstuk. Laat 1 uur marineren. Haal de biefstuk uit de marinade. Verhit de helft van de olie en bak de bamboescheuten, ui, selderij en chilipeper gedurende 3 minuten en haal ze vervolgens uit de pan. Verhit de resterende olie en bak de biefstuk gedurende 3 minuten. Meng de marinade, breng aan de kook en voeg de gebakken groenten toe. Kook al roerend gedurende 2 minuten. Meng de bouillon en het maizena en voeg dit toe aan de pan. Breng aan de kook en laat al roerend sudderen tot de saus helder en ingedikt is.

Rundvlees met Chinese kool

Het serveert 4

225 g mager rundvlees

30 ml / 2 eetlepels arachideolie (pinda).

350 g Chinese kool, geraspt

120 ml runderbouillon

zout en versgemalen peper

10 ml / 2 theelepels maïsmeel (maïszetmeel)

30 ml / 2 eetlepels water

Snijd het vlees dun tegen de draad in. Verhit de olie en bak het vlees goudbruin. Voeg de Chinese kool toe en bak tot deze iets zachter wordt. Voeg de bouillon toe, breng aan de kook en breng op smaak met peper en zout. Dek af en laat 4 minuten sudderen tot het vlees gaar is. Meng het maïzena en het water, giet het in de pan en laat al roerend sudderen tot de saus dikker wordt.

Suey-rundvleeskarbonade

Het serveert 4

3 stengels bleekselderij, in plakjes gesneden
100 g taugé
100 g broccoliroosjes
60 ml / 4 eetlepels arachideolie (pinda).
3 lente-uitjes (lente-uitjes), gehakt
2 teentjes knoflook, geperst
1 schijfje gember, fijngehakt
225 g mager rundvlees, in reepjes gesneden
45 ml / 3 eetlepels sojasaus
15 ml / 1 eetlepel rijstwijn of droge sherry
5 ml / 1 theelepel zout
2,5 ml / ¬Ω theelepel suiker
versgemalen peper
15 ml / 1 eetlepel maïsmeel (maïszetmeel)

Blancheer de bleekselderij, taugé en broccoli 2 minuten in kokend water, laat ze uitlekken en dep ze droog. Verhit 45 ml / 3 eetlepels olie en bak de lente-ui, knoflook en gember goudbruin. Voeg het vlees toe en bak 4 minuten. Haal uit de pan. Verhit de resterende olie en bak de groenten gedurende 3 minuten. Voeg rundvlees, sojasaus, wijn of sherry, zout, suiker en een snufje peper toe en bak 2 minuten. Meng de maïzena met een beetje water, giet het in de pan en laat al roerend koken tot de saus helder en ingedikt is.

Rundvlees met komkommer

Het serveert 4

450 g rundvlees, in dunne plakjes gesneden
45 ml / 3 eetlepels sojasaus
30 ml / 2 eetlepels maïsmeel (maïszetmeel)
60 ml / 4 eetlepels arachideolie (pinda).
2 komkommers, geschild, klokhuis verwijderd en in plakjes gesneden
60 ml / 4 eetlepels kippenbouillon

30 ml / 2 eetlepels rijstwijn of droge sherry

zout en versgemalen peper

Doe de biefstuk in een kom. Meng sojasaus en maïzena door elkaar en combineer met de biefstuk. Laat 30 minuten marineren. Verhit de helft van de olie en bak de komkommers gedurende 3 minuten tot ze ondoorzichtig zijn. Haal ze vervolgens uit de pan. Verhit de resterende olie en bak de biefstuk goudbruin. Voeg de komkommers toe en bak 2 minuten. Voeg bouillon, wijn of sherry toe en breng op smaak met peper en zout. Breng aan de kook, dek af en laat 3 minuten sudderen.

Chow Mein-rundvlees

Het serveert 4

Ruggebraad 750 g / 1 ¬Ω lb

2 uien

45 ml / 3 eetlepels sojasaus

45 ml / 3 eetlepels rijstwijn of droge sherry

15 ml / 1 eetlepel pindakaas

5 ml / 1 theelepel citroensap

350 g eierpasta

60 ml / 4 eetlepels arachideolie (pinda).

175 ml kippenbouillon

15 ml / 1 eetlepel maïsmeel (maïszetmeel)

30 ml / 2 eetlepels oestersaus

4 lente-uitjes (lente-uitjes), gehakt

3 stengels bleekselderij, in plakjes gesneden

100 g champignons, in plakjes gesneden

1 groene paprika, in reepjes gesneden

100 g taugé

Verwijder het vet uit het vlees en gooi het weg. Snijd de Parmezaanse kaas kruislings in dunne plakjes. Snijd de ui in partjes en scheid de lagen. Meng 15 ml/1 eetlepel sojasaus met 15 ml/1 eetlepel wijn of sherry, pindakaas en citroensap. Voeg het vlees toe, dek af en laat 1 uur rusten. Kook de noedels ongeveer 5 minuten in kokend water, of tot ze zacht zijn. Goed laten uitlekken. Verhit 15 ml / 1 eetlepel olie, voeg 15 ml / 1 eetlepel sojasaus en noedels toe en bak 2 minuten tot ze goudbruin zijn. Breng over naar een verwarmde serveerschaal.

Meng de overgebleven sojasaus en wijn of sherry met de bouillon, maizena en oestersaus. Verhit 15 ml / 1 eetlepel olie en bak de ui 1 minuut. Voeg bleekselderij, champignons, paprika en taugé toe en bak 2 minuten. Haal uit de wok. Verhit de rest van de olie en bak het vlees goudbruin. Voeg de bouillon toe, breng aan de kook, dek af en laat 3 minuten koken. Doe de groenten terug in de wok en laat al roerend ongeveer 4 minuten koken tot ze heet zijn. Giet het mengsel over de noedels en serveer.

Komkommer gebraden

Het serveert 4

450 gram biefstuk

10 ml / 2 theelepels maïsmeel (maïszetmeel)

10 ml / 2 theelepels zout

2,5 ml / ¬Ω theelepel versgemalen peper

90 ml / 6 eetlepels arachideolie (pinda).

1 ui, fijngehakt

1 komkommer, geschild en in plakjes gesneden

120 ml runderbouillon

Snijd de biefstuk in reepjes en vervolgens in dunne plakjes tegen de draad in. Doe het in een kom en voeg maizena, zout, peper en de helft van de olie toe. Laat 30 minuten marineren. Verhit de resterende olie en bak het vlees en de ui goudbruin. Voeg de komkommer en de bouillon toe, breng aan de kook, dek af en laat 5 minuten koken.

Gebakken rundvleescurry

Het serveert 4

45 ml / 3 eetlepels boter

15 ml / 1 eetlepel kerriepoeder

45 ml / 3 eetlepels bloem (voor alle toepassingen).

375 ml / 13 fl oz / 1¬Ω kopje melk

15 ml / 1 eetlepel sojasaus

zout en versgemalen peper

450 g gekookt rundergehakt

100 g erwten

2 wortels, gehakt

2 uien, gehakt

225 g gekookte langkorrelige rijst, heet

1 hardgekookt ei (gekookt), in plakjes gesneden

Smelt de boter, voeg de curry en de bloem toe en kook 1 minuut. Voeg melk en soja toe, breng aan de kook en laat al roerend 2 minuten koken. Breng op smaak met zout en peper. Voeg rundvlees, erwten, wortelen en ui toe en roer goed om met de saus te bedekken. Voeg de rijst toe, doe het mengsel over op een bakplaat en bak in een voorverwarmde oven op 200 ∞C / 400 ∞F / gasstand 6 gedurende 20 minuten tot de groenten zacht zijn. Serveer gegarneerd met plakjes hardgekookt ei.

Gemarineerde zeeoor

Het serveert 4

450 g abalone uit blik

45 ml / 3 eetlepels sojasaus

30 ml / 2 eetlepels azijn

5 ml / 1 theelepel suiker

een paar druppels sesamolie

Laat de abalone uitlekken en snijd of snijd in reepjes. Meng de overige ingrediënten, giet over de abalone en meng goed. Dek af en zet 1 uur in de koelkast.

Gestoofde bamboescheuten

Het serveert 4

60 ml / 4 eetlepels arachideolie (pinda).
225 g bamboescheuten, in reepjes gesneden
60 ml / 4 eetlepels kippenbouillon
15 ml / 1 eetlepel sojasaus
5 ml / 1 theelepel suiker
5 ml / 1 theelepel rijstwijn of droge sherry

Verhit de olie en bak de bamboescheuten gedurende 3 minuten. Meng de bouillon, soja, suiker en wijn of sherry en voeg deze toe aan de pan. Dek af en laat 20 minuten sudderen. Laat afkoelen en afkoelen voordat u het serveert.

Kip Met Komkommer

Het serveert 4

1 komkommer, geschild en klokhuis verwijderd
225 g gekookte kip, in kleine stukjes gesneden
5 ml / 1 theelepel mosterdpoeder
2,5 ml / ¬Ω theelepel zout
30 ml / 2 eetlepels azijn

Snij de komkommer in reepjes en leg deze op een serveerschaal. Leg de kip erop. Meng mosterd, zout en azijn en giet het vlak voor het serveren over de kip.

Kip Met Sesam

Het serveert 4

350 g gekookte kip
120 ml / 4 fl oz / ¬Ω kopje water
5 ml / 1 theelepel mosterdpoeder
15 ml / 1 eetlepel sesamzaadjes
2,5 ml / ¬Ω theelepel zout
Een snufje suiker
45 ml / 3 eetlepels gehakte verse koriander
5 lente-uitjes (lente-uitjes), gehakt
¬Ω krop sla, geraspt

Snij de kip in dunne reepjes. Meng voldoende water door de mosterd tot een gladde pasta en voeg dit toe aan de kip. Rooster de sesamzaadjes in een droge koekenpan tot ze licht gekleurd zijn, voeg ze toe aan de kip en bestrooi ze met zout en suiker. Voeg de helft van de peterselie en de lente-ui toe en meng goed. Schep de salade op een serveerbord, garneer met het kipmengsel en garneer met de overgebleven peterselie.

Lychee met gember

Het serveert 4

1 grote watermeloen, gehalveerd en klokhuis verwijderd
450 g lychees uit blik, uitgelekt
5 cm / 2 gemberstelen, in plakjes gesneden
wat muntblaadjes

Vul de meloenhelften met lychee en gember, versier met muntblaadjes. Koel voor het serveren.

Kippenvleugels gekookt in rood

Het serveert 4

8 kippenvleugels
2 lente-uitjes (lente-uitjes), gehakt
75 ml / 5 eetlepels sojasaus
120 ml / 4 fl oz / ¬Ω kopje water
30 ml / 2 eetlepels bruine suiker

Snijd de benige uiteinden van de kippenvleugels af, gooi ze weg en halveer ze. Doe het samen met de overige ingrediënten in een pan, breng aan de kook, dek af en laat 30 minuten koken. Verwijder het deksel en laat nog 15 minuten sudderen, waarbij u regelmatig bedruipt. Laat afkoelen en laat afkoelen voordat je het serveert.

Krabvlees Met Komkommer

Het serveert 4

100 g krabvlees, in vlokken
2 komkommers, geschild en gehakt
1 schijfje gember, fijngehakt
15 ml / 1 eetlepel sojasaus
30 ml / 2 eetlepels azijn
5 ml / 1 theelepel suiker
een paar druppels sesamolie

Doe het krabvlees en de komkommer in een kom. Meng de overige ingrediënten, giet het krabmengsel erover en meng goed. Dek af en laat 30 minuten afkoelen voordat u het serveert.

gemarineerde champignon

Het serveert 4

225 gram champignons

30 ml / 2 eetlepels sojasaus

15 ml / 1 eetlepel rijstwijn of droge sherry

snufje zout

een paar druppels Tabasco

een paar druppels sesamolie

Blancheer de champignons 2 minuten in kokend water, laat ze uitlekken en dep ze droog. Doe het in een kom en giet de overige ingrediënten erover. Meng goed en laat afkoelen voordat je het serveert.

Gemarineerde knoflookpaddestoel

Het serveert 4

225 gram champignons
3 teentjes knoflook, geperst
30 ml / 2 eetlepels sojasaus
30 ml / 2 eetlepels rijstwijn of droge sherry
15 ml / 1 eetlepel sesamolie
snufje zout

Doe de champignons en knoflook in een vergiet, giet er kokend water over en laat 3 minuten rusten. Giet af en droog goed. Meng de overige ingrediënten, giet de marinade over de champignons en laat 1 uur marineren.

Garnalen en bloemkool

Het serveert 4

225 g bloemkoolroosjes
100 g gepelde garnalen
15 ml / 1 eetlepel sojasaus
5 ml / 1 theelepel sesamolie

Kook de bloemkool apart gedurende ongeveer 5 minuten tot hij zacht maar nog knapperig is. Meng met de garnalen, besprenkel met sojasaus en sesamolie en meng door elkaar. Koel voor het serveren.

Sesamhamsticks

Het serveert 4

225 g ham, in reepjes gesneden
10 ml / 2 theelepels sojasaus
2,5 ml / ¬Ω theelepel sesamolie

Leg de ham op een serveerschaal. Meng soja- en sesamolie, strooi over de ham en serveer.

Koude tofu

Het serveert 4

450 g tofu, in plakjes gesneden
45 ml / 3 eetlepels sojasaus
45 ml / 3 eetlepels arachideolie (pinda).
versgemalen peper

Doe de tofu, een paar plakjes per keer, in een vergiet en dompel ze 40 seconden in kokend water, laat ze uitlekken en leg ze op een serveerschaal. Laat het afkoelen. Meng de sojasaus en de olie, strooi over de tofu en serveer bestrooid met peper.

Kip Met Bacon

Het serveert 4

225 g kip, zeer dun gesneden
75 ml / 5 eetlepels sojasaus
15 ml / 1 eetlepel rijstwijn of droge sherry
1 teentje knoflook, geperst
15 ml / 1 eetlepel bruine suiker
5 ml / 1 theelepel zout
5 ml / 1 theelepel gehakte gemberwortel
225 g mager spek, in blokjes gesneden
100 g waterkastanjes, zeer dun gesneden
30 ml / 2 eetlepels honing

Doe de kip in een kom. Meng 45 ml / 3 el sojasaus met wijn of sherry, knoflook, suiker, zout en gember, giet over de kip en marineer ongeveer 3 uur. Leg de kip, het spek en de kastanjes op de kebabspies. Meng de rest van de soja met de honing en bestrijk de spies ermee. Grill (rooster) onder een hete grill gedurende ongeveer 10 minuten tot ze gaar zijn, draai ze vaak om en bestrijk ze met meer glazuur terwijl ze koken.

Kip En Bananenfrietjes

Het serveert 4

2 gekookte kipfilets
2 hardgekookte bananen
6 sneetjes brood
4 eieren
120 ml / 4 fl oz / ¬Ω kopje melk
50 g / 2 oz / ¬Ω kopje gewone bloem (universeel).
225 g / 8 oz / 4 kopjes vers paneermeel
frituur olie

Snij de kip in 24 stukken. Schil de bananen en snijd ze in de lengte in vieren. Snijd elk kwart in drieën om 24 stukken te maken. Snij de korst van het brood en snijd het in vieren. Klop de eieren en de melk los en bestrijk één kant van het brood. Leg een stuk kip en een stuk banaan op de met ei bedekte kant van elk stuk brood. Bebloem de vierkanten lichtjes, dompel ze vervolgens in het ei en bedek ze met paneermeel. Haal het ei en het paneermeel er opnieuw door. Verhit de olie en bak een paar vierkantjes tegelijk goudbruin. Laat ze voor het serveren uitlekken op keukenpapier.

Kip met gember en champignons

Het serveert 4

225 g kipfiletfilets
5 ml / 1 theelepel vijfkruidenpoeder
15 ml / 1 eetlepel bloem (voor alle toepassingen).
120 ml / 4 fl oz / ¬Ω kopje pindaolie (pinda).
4 sjalotjes, gehalveerd
1 teentje knoflook, in plakjes gesneden
1 schijfje gember, fijngehakt
25 g cashewnoten
5 ml / 1 theelepel honing
15 ml / 1 eetlepel rijstmeel
75 ml / 5 eetlepels rijstwijn of droge sherry
100 g champignons, in vieren gesneden
2,5 ml / ¬Ω theelepel kurkuma
6 gele pepers, gehalveerd
5 ml / 1 theelepel sojasaus
¬ ¬ limoensap
zout en peper
4 knapperige slablaadjes

Snij de kipfilet diagonaal richting de Parmezaanse kaas in dunne reepjes. Bestrooi met vijfkruidenpoeder en bestrooi lichtjes met bloem. Verhit 15 ml / 1 el olie en bak de kip goudbruin. Haal uit de pan. Verhit nog wat olie en fruit de sjalotten, knoflook, gember en cashewnoten gedurende 1 minuut. Voeg de honing toe en meng tot de groenten bedekt zijn. Bestrooi met bloem en voeg dan de wijn of sherry toe. Voeg champignons, kurkuma en chili toe en kook gedurende 1 minuut. Voeg de kip, sojasaus, de helft van het limoensap, zout en peper toe en verwarm. Haal uit de pan en houd warm. Verhit nog een beetje olie, voeg de slablaadjes toe en bak snel, breng op smaak met peper en zout en het resterende limoensap. Leg de slablaadjes op een hete serveerschaal, leg het vlees en de groenten erop en serveer.

Kip en ham

Het serveert 4

225 g kip, zeer dun gesneden

75 ml / 5 eetlepels sojasaus

15 ml / 1 eetlepel rijstwijn of droge sherry

15 ml / 1 eetlepel bruine suiker

5 ml / 1 theelepel gehakte gemberwortel

1 teentje knoflook, geperst

225 g gekookte ham, in blokjes

30 ml / 2 eetlepels honing

Doe de kip in een kom met 45 ml / 3 el sojasaus, wijn of sherry, suiker, gember en knoflook. Laat 3 uur marineren. Leg de kip en de ham op de kebabspies. Meng de rest van de soja met de honing en bestrijk de spies ermee. Grill (rooster) onder een hete grill gedurende ongeveer 10 minuten, draai ze vaak om en bestrijk ze met glazuur terwijl ze koken.

Gegrilde kippenlever

Het serveert 4

450 g kippenlever
45 ml / 3 eetlepels sojasaus
15 ml / 1 eetlepel rijstwijn of droge sherry
15 ml / 1 eetlepel bruine suiker
5 ml / 1 theelepel zout
5 ml / 1 theelepel gehakte gemberwortel
1 teentje knoflook, geperst

Blancheer de kippenlevertjes 2 minuten in kokend water en laat ze goed uitlekken. Doe in een kom met alle overige ingrediënten behalve de olie en marineer ongeveer 3 uur. Rijg de kippenlevers aan de kebabspiesjes en gril (gefrituurd) onder een hete grill gedurende ongeveer 8 minuten tot ze goudbruin zijn.

Krabballetjes met waterkastanjes

Het serveert 4

450 g krabvlees, gehakt

100 g waterkastanjes, gehakt

1 teentje knoflook, geperst

1 cm / ¬Ω gesneden gemberwortel, fijngehakt

45 ml / 3 eetlepels maïsmeel (maïszetmeel)

30 ml / 2 eetlepels sojasaus

15 ml / 1 eetlepel rijstwijn of droge sherry

5 ml / 1 theelepel zout

5 ml / 1 theelepel suiker

3 eieren, losgeklopt

frituur olie

Meng alle ingrediënten behalve de olie en vorm er balletjes van. Verhit de olie en bak de krabballetjes goudbruin. Laat goed uitlekken voordat je het serveert.

Dimsum

Het serveert 4

100 g gepelde garnalen, fijngehakt

225 g mager varkensvlees, fijngehakt

50 g Chinese kool, fijngehakt

3 lente-uitjes (lente-uitjes), gehakt

1 ei, losgeklopt

30 ml / 2 eetlepels maïsmeel (maïszetmeel)

10 ml / 2 theelepels sojasaus

5 ml / 1 theelepel sesamolie

5 ml / 1 theelepel oestersaus

24 wontonvellen

frituur olie

Meng de garnalen, het varkensvlees, de kool en de lente-uitjes door elkaar. Meng het ei, maizena, sojasaus, sesamolie en oestersaus. Plaats eetlepels van het mengsel in het midden van elk wontonvel. Wikkel de wikkels voorzichtig om de vulling, stop de randen in maar laat de bovenkant open. Verhit de olie en bak de dim sum met een paar tegelijk goudbruin. Laat goed uitlekken en serveer warm.

Ham- en kiprolletjes

Het serveert 4

2 kipfilets

1 teentje knoflook, geperst

2,5 ml / ¬Ω theelepel zout

2,5 ml / ¬Ω theelepel vijfkruidenpoeder

4 plakjes gekookte ham

1 ei, losgeklopt

30 ml / 2 eetlepels melk

25 g / 1 oz / ¬° kopje bloem (voor alle toepassingen).

4 loempiavelletjes

frituur olie

Snijd de kipfilets doormidden. Klop ze tot ze heel dun zijn. Meng knoflook, zout en vijfkruidenpoeder en strooi dit over de kip. Leg op elk stuk kip een plakje ham en rol het goed op. Meng het ei en de melk. Bebloem de stukken kip lichtjes en dompel ze vervolgens in het eimengsel. Leg elk stuk met de huidzijde op een loempia en bestrijk de randen met losgeklopt ei. Vouw de zijkanten en rol ze vervolgens op, waarbij u de randen samenknijpt om ze af te dichten. Verhit de olie en bak de rolletjes ongeveer 5 minuten tot ze goudbruin zijn

bruin en gekookt. Laat ze uitlekken op keukenpapier en snij ze in dikke diagonale plakjes om te serveren.

Gebakken Hamwervelingen

Het serveert 4

350 g / 12 oz / 3 kopjes bloem (voor alle doeleinden).
175 g / 6 oz / ¬æ kopje boter
120 ml / 4 fl oz / ¬Ω kopje water
225 g ham, gesneden
100 g bamboescheuten, gehakt
2 lente-uitjes (lente-uitjes), gehakt
15 ml / 1 eetlepel sojasaus
30 ml / 2 eetlepels sesamzaadjes

Doe de bloem in een kom en voeg de boter toe. Meng het water erdoor tot een pasta. Rol het deeg uit en snijd het in cirkels van 5 cm / 2 cm. Meng alle andere ingrediënten behalve de sesamzaadjes en plaats een lepel op elke cirkel. Bestrijk de randen van het bladerdeeg met water en druk het dicht. Bestrijk de buitenkant met water en bestrooi met sesamzaadjes. Bak in een voorverwarmde oven op 180¬∞C / 350¬∞F / gasstand 4 gedurende 30 minuten.

Gerookte pseudovis

Het serveert 4

1 zeebaars

3 plakjes gember, in plakjes gesneden

1 teentje knoflook, geperst

1 lente-ui (sjalot), vaak in plakjes gesneden

75 ml / 5 eetlepels sojasaus

30 ml / 2 eetlepels rijstwijn of droge sherry

2,5 ml / ¬Ω theelepel gemalen anijs

2,5 ml / ¬Ω theelepel sesamolie

10 ml / 2 theelepels suiker

120 ml / 4 fl oz / ¬Ω kopje bouillon

frituur olie

5 ml / 1 theelepel maïsmeel (maïszetmeel)

Schil de vis en snijd hem in plakjes van 5 mm (¬° in) contravezel. Meng gember, knoflook, lente-ui, 60 ml / 4 eetlepels sojasaus, sherry, anijs en sesamolie. Giet het over de vis en laat het lekker smaken. Laat 2 uur rusten, af en toe roeren.

Giet de marinade af in een pan en dep de vis op keukenpapier. Voeg suiker, bouillon en resterende sojasaus toe marineren, aan de kook brengen en 1 minuut laten koken. Als de saus dikker moet worden, meng dan de maïzena met een beetje koud water, voeg dit toe aan de saus en laat al roerend sudderen tot de saus dikker wordt.

Verhit ondertussen de olie en bak de vis goudbruin. Goed laten uitlekken. Dompel de stukken vis in de marinade en plaats ze op een warme serveerschaal. Serveer warm of koud.

Gestoofde champignons

Het serveert 4

12 grote kapellen gedroogde paddenstoelen
225 g krabvlees
3 waterkastanjes, gehakt
2 lente-uitjes (lente-uitjes), fijngehakt
1 eiwit
15 ml / 1 eetlepel maïsmeel (maïszetmeel)
15 ml / 1 eetlepel sojasaus
15 ml / 1 eetlepel rijstwijn of droge sherry

Week de spons een nacht in warm water. Knuffel droog. Meng de overige ingrediënten en vul hiermee de champignonhoedjes. Leg het op een rooster en stoom gedurende 40 minuten. Heet opdienen.

Champignons in oestersaus

Het serveert 4

10 gedroogde Chinese paddenstoelen
250 ml runderbouillon
15 ml / 1 eetlepel maïsmeel (maïszetmeel)
30 ml / 2 eetlepels oestersaus
5 ml / 1 theelepel rijstwijn of droge sherry

Week de champignons 30 minuten in warm water, laat ze uitlekken en bewaar 250 ml van het weekvocht. Gooi de stengels weg. Meng 60 ml/4 eetlepels runderbouillon met de maizena tot een pasta. Kook de resterende vleesbouillon met champignons en champignonvloeistof, dek af en laat 20 minuten sudderen. Haal de champignons met een schuimspaan uit de vloeistof en leg ze op een hete serveerschaal. Voeg de oestersaus en sherry toe aan de pan en laat al roerend 2 minuten sudderen. Roer de maïzenapasta erdoor en laat al roerend sudderen tot de saus dikker wordt. Giet over de champignons en serveer onmiddellijk.

Varkensvlees- en saladebroodjes

Het serveert 4

4 gedroogde Chinese champignons
15 ml / 1 eetlepel arachideolie (pinda).
225 g mager varkensvlees, gemalen
100 g bamboescheuten, gehakt
100 g waterkastanjes, gehakt
4 lente-uitjes (lente-uitjes), gehakt
175 g krabvlees, in vlokken
30 ml / 2 eetlepels rijstwijn of droge sherry
15 ml / 1 eetlepel sojasaus
10 ml / 2 theelepels oestersaus
10 ml / 2 theelepels sesamolie
9 Chinese bladeren

Week de champignons 30 minuten in warm water en laat ze uitlekken. Verwijder de stelen en hak de hoedjes fijn. Verhit de olie en bak het varkensvlees gedurende 5 minuten. Voeg de champignons, bamboescheuten, waterkastanjes, lente-uitjes en krabvlees toe en bak 2 minuten. Meng wijn of sherry, soja, oestersaus en sesamolie en roer door de pan. Haal van het vuur.

Blancheer ondertussen de Chinese bladeren gedurende 1 minuut in kokend water

droogleggen. Plaats een eetlepel varkensvleesmengsel in het midden van elk blad, vouw de zijkanten naar binnen en rol het op om te serveren.

Varkensgehaktballetjes En Kastanjes

Het serveert 4

450 g gemalen varkensvlees (gemalen).

50 g champignons, fijngehakt

50 g waterkastanjes, fijngehakt

1 teentje knoflook, geperst

1 ei, losgeklopt

30 ml / 2 eetlepels sojasaus

15 ml / 1 eetlepel rijstwijn of droge sherry

5 ml / 1 theelepel gehakte gemberwortel

5 ml / 1 theelepel suiker

zout-

30 ml / 2 eetlepels maïsmeel (maïszetmeel)

frituur olie

Meng alle ingrediënten behalve de maïzena en vorm er balletjes van. Rol de maïzena op. Verhit de olie en bak de gehaktballetjes in ongeveer 10 minuten goudbruin. Laat goed uitlekken voordat je het serveert.

Varkensvleesknoedels

Het serveert 4,Äì6

450 g / 1 pond bloem (alle doeleinden).

500 ml / 17 fl oz / 2 kopjes water

450 g gekookt varkensvlees, gehakt

225 g gepelde garnalen, fijngehakt

4 stengels bleekselderij, gehakt

15 ml / 1 eetlepel sojasaus

15 ml / 1 eetlepel rijstwijn of droge sherry

15 ml / 1 eetlepel sesamolie

5 ml / 1 theelepel zout

2 lente-uitjes (lente-uitjes), fijngehakt

2 teentjes knoflook, geperst

1 schijfje gember, fijngehakt

Meng de bloem en het water tot het deeg zacht is en kneed het goed. Dek af en laat 10 minuten rusten. Rol het deeg zo dun mogelijk uit en snijd het in cirkels van 5 cm. Meng alle andere ingrediënten door elkaar. Schep op elke cirkel een lepel mengsel, bevochtig de randen en sluit deze tot een halve cirkel. Kook een pan met water en dompel de gnocchi voorzichtig in het water.

Varkensvlees En Kalfsgehaktballetjes

Het serveert 4

100 g gemalen varkensvlees (gemalen).

100 g kalfsgehakt (gemalen).

1 plak buikspek, fijngehakt (gehakt)

15 ml / 1 eetlepel sojasaus

zout en peper

1 ei, losgeklopt

30 ml / 2 eetlepels maïsmeel (maïszetmeel)

frituur olie

Meng gehakt en spek en breng op smaak met zout en peper. Meng met het ei, vorm balletjes ter grootte van een walnoot en bestrooi met maizena. Verhit de olie en bak tot ze goudbruin zijn. Laat goed uitlekken voordat je het serveert.

Vlinder garnalen

Het serveert 4

450 g grote gepelde garnalen
15 ml / 1 eetlepel sojasaus
5 ml / 1 theelepel rijstwijn of droge sherry
5 ml / 1 theelepel gehakte gemberwortel
2,5 ml / ¬Ω theelepel zout
2 eieren, losgeklopt
30 ml / 2 eetlepels maïsmeel (maïszetmeel)
15 ml / 1 eetlepel bloem (voor alle toepassingen).
frituur olie

Snijd de garnalen vanaf de achterkant doormidden en spreid ze uit in de vorm van een vlinder. Meng soja, wijn of sherry, gember en zout. Giet over de garnalen en laat 30 minuten marineren. Haal uit de marinade en dep droog. Klop het ei met maizena en bloem tot een beslag ontstaat en doop de garnalen hierin. Verhit de olie en bak de garnalen tot ze goudbruin zijn. Laat goed uitlekken voordat je het serveert.

Chinese garnalen

Het serveert 4

450 g ongepelde garnalen

30 ml / 2 eetlepels Worcestershiresaus

15 ml / 1 eetlepel sojasaus

15 ml / 1 eetlepel rijstwijn of droge sherry

15 ml / 1 eetlepel bruine suiker

Doe de garnalen in een kom. Meng de overige ingrediënten, giet over de garnalen en laat 30 minuten marineren. Leg het op een bakplaat en bak in een voorverwarmde oven op 150 ∞C / 300 ∞F / gasstand 2 gedurende 25 minuten. Serveer warm of koud met de schil, zodat gasten hun eigen schil kunnen schillen.

Drakenwolk

Het serveert 4

100 g kroepoek

frituur olie

Verhit de olie tot zeer heet. Voeg telkens een handvol kroepoek toe en bak een paar seconden tot het gepoft is. Haal ze uit de olie en laat ze op keukenpapier uitlekken terwijl je doorgaat met het bakken van de koekjes.

Krokante garnalen

Het serveert 4

450 g gepelde tijgergarnalen
15 ml / 1 eetlepel rijstwijn of droge sherry
10 ml / 2 theelepels sojasaus
5 ml / 1 theelepel vijfkruidenpoeder
zout en peper
90 ml / 6 eetlepels maïsmeel (maïszetmeel)
2 eieren, losgeklopt
100 g paneermeel
arachideolie om te frituren

Meng de garnalen met de wijn of sherry, sojasaus en vijfkruidenpoeder en breng op smaak met peper en zout. Giet ze over de maïsmeel en vervolgens door het losgeklopte ei en door het paneermeel. Bak ze in kokende olie in enkele minuten goudbruin, laat ze uitlekken en serveer onmiddellijk.

Garnalen Met Gembersaus

Het serveert 4

15 ml / 1 eetlepel sojasaus
5 ml / 1 theelepel rijstwijn of droge sherry
5 ml / 1 theelepel sesamolie
450 g gepelde garnalen
30 ml / 2 eetlepels gehakte verse peterselie
15 ml / 1 eetlepel azijn
5 ml / 1 theelepel gehakte gemberwortel

Meng soja, wijn of sherry en sesamolie. Giet over de garnalen, dek af en laat 30 minuten marineren. Grill de garnalen een paar minuten tot ze net gaar zijn en besprenkel ze met de marinade. Meng ondertussen peterselie, azijn en gember erdoor en serveer bij de garnalen.

Garnalen en noedelbroodjes

Het serveert 4

50 g eierpasta, in stukjes gesneden
15 ml / 1 eetlepel arachideolie (pinda).
50 g mager varkensvlees, fijngehakt
100 g champignons, gehakt
3 lente-uitjes (lente-uitjes), gehakt
100 g gepelde garnalen, fijngehakt
15 ml / 1 eetlepel rijstwijn of droge sherry
zout en peper
24 wontonvellen
1 ei, losgeklopt
frituur olie

Kook de noedels 5 minuten in kokend water, laat ze uitlekken en hak ze fijn. Verhit de olie en bak het varkensvlees gedurende 4 minuten. Voeg de champignons en uien toe en bak 2 minuten, haal dan van het vuur. Voeg de garnalen, wijn of sherry en noedels toe en breng op smaak met zout en peper. Schep een lepel van het mengsel in het midden van elk wontonvel en bestrijk de randen met losgeklopt ei. Vouw de randen om en rol de wikkels vervolgens op, waarbij de randen aan elkaar worden vastgeplakt. Verhit de olie en bak de broodjes a

een paar tegelijk gedurende ongeveer 5 minuten tot ze goudbruin zijn. Laat ze voor het serveren uitlekken op keukenpapier.

garnalen toast

Het serveert 4

2 eieren 450 g gepelde garnalen, gehakt
15 ml / 1 eetlepel maïsmeel (maïszetmeel)
1 ui, fijngehakt
30 ml / 2 eetlepels sojasaus
15 ml / 1 eetlepel rijstwijn of droge sherry
5 ml / 1 theelepel zout
5 ml / 1 theelepel gehakte gemberwortel
8 sneetjes brood, in driehoekjes gesneden
frituur olie

Meng 1 ei met alle andere ingrediënten behalve het brood en de olie. Giet het mengsel op de brooddriehoeken en druk tot een koepel. Bestrijk met het overgebleven ei. Verhit ongeveer 5 cm olie en bak de brooddriehoekjes goudbruin. Laat goed uitlekken voordat je het serveert.

Wonton van varkensvlees en garnalen met zoetzure saus

Het serveert 4

120 ml / 4 fl oz / ½ kopje water
60 ml / 4 eetlepels azijn
60 ml / 4 eetlepels bruine suiker
30 ml / 2 eetlepels tomatenpuree √ © e (pasta)
10 ml / 2 theelepels maïsmeel (maïszetmeel)
25 g champignons, gehakt
25 g gepelde garnalen, fijngehakt
50 g mager varkensvlees, gemalen
2 lente-uitjes (lente-uitjes), gehakt
5 ml / 1 theelepel sojasaus
2,5 ml / ½ theelepel geraspte gemberwortel
1 teentje knoflook, geperst
24 wontonvellen
frituur olie

Meng water, azijn, suiker, tomatenpuree en maizena in een pan. Breng onder voortdurend roeren aan de kook en laat 1 minuut koken. Haal van het vuur en houd warm.

Combineer champignons, garnalen, varkensvlees, lente-uitjes, soja, gember en knoflook. Plaats een lepel vulling op elke schaal, bestrijk de randen met water en druk ze samen om ze af te dichten. Verhit de olie en bak de wontons met een paar tegelijk goudbruin. Laat ze uitlekken op keukenpapier en serveer warm met zoetzure saus.

Kippen bouillon

Maakt 2 liter / 3½ punten / 8½ kopjes

1,5 kg gekookte of rauwe kippenpoten

450 g varkenspoot

1 cm / ½ gemberwortel in stukjes

3 lente-uitjes (lente-uitjes), in plakjes gesneden

1 teentje knoflook, geperst

5 ml / 1 theelepel zout

2,25 liter / 4 pt / 10 kopjes water

Breng alle ingrediënten aan de kook, dek af en laat 15 minuten koken. Verwijder het vet. Dek af en laat 1,5 uur sudderen. Filteren, afkoelen en afschuimen. In kleine hoeveelheden invriezen of in de koelkast bewaren en binnen 2 dagen gebruiken.

Soep van varkensvlees en taugé

Het serveert 4

450 g in blokjes gesneden varkensvlees
1,5 l / 2½ pt / 6 dl kippenbouillon
5 plakjes gemberwortel
350 g taugé
15 ml / 1 eetlepel zout

Blancheer het varkensvlees gedurende 10 minuten in kokend water en laat het vervolgens uitlekken. Kook de bouillon en voeg het varkensvlees en de gember toe. Dek af en laat 50 minuten sudderen. Voeg de taugé en het zout toe en laat 20 minuten koken.

Abalone en champignonsoep

Het serveert 4

60 ml / 4 eetlepels arachideolie (pinda).
100 g mager varkensvlees, in reepjes gesneden
225 g abalone uit blik, in reepjes gesneden
100 g champignons, in plakjes gesneden
2 stuks bleekselderij, in plakjes gesneden
50 g ham, in reepjes gesneden
2 uien, gesneden
1,5 l / 2½ pt / 6 kopjes water
30 ml / 2 eetlepels azijn
45 ml / 3 eetlepels sojasaus
2 plakjes gember, gehakt
zout en versgemalen peper
15 ml / 1 eetlepel maïsmeel (maïszetmeel)
45 ml / 3 eetlepels water

Verhit de olie en bak het varkensvlees, de zeeoor, de champignons, de selderij, de ham en de ui gedurende 8 minuten. Voeg het water en de azijn toe, breng aan de kook, dek af en laat 20 minuten koken. Voeg sojasaus, gember, zout en peper toe. Meng de maïzena tot je een pasta krijgt

water, giet het bij de soep en laat al roerend 5 minuten koken tot de soep helder en ingedikt is.

Kip En Aspergesoep

Het serveert 4

100 g kip, versnipperd

2 eiwitten

2,5 ml / ½ theelepel zout

30 ml / 2 eetlepels maïsmeel (maïszetmeel)

225 g asperges, in stukjes van 5 cm gesneden

100 g taugé

1,5 l / 2½ pt / 6 dl kippenbouillon

100 g champignons

Meng de kip met het eiwit, zout en maïzena en laat 30 minuten rusten. Kook de kip in ongeveer 10 minuten gaar in kokend water en laat goed uitlekken. Blancheer de asperges 2 minuten in kokend water en laat ze uitlekken. Blancheer de taugé gedurende 3 minuten in kokend water en laat ze uitlekken. Giet de bouillon in een grote koekenpan en voeg de kip, asperges, champignons en taugé toe. Kook en breng op smaak met zout. Laat een paar minuten sudderen om de smaken te ontwikkelen en tot de groenten zacht maar nog steeds knapperig zijn.

Bouillon

Het serveert 4

225 g rundergehakt (gemalen).

15 ml / 1 eetlepel sojasaus

15 ml / 1 eetlepel rijstwijn of droge sherry

15 ml / 1 eetlepel maïsmeel (maïszetmeel)

1,2 l / 2 pt / 5 dl kippenbouillon

5 ml / 1 theelepel chilibonensaus

zout en peper

2 eieren, losgeklopt

6 lente-uitjes (lente-uitjes), gehakt

Meng het vlees met soja, wijn of sherry en maizena. Voeg toe aan de bouillon en breng al roerend geleidelijk aan de kook. Voeg de chilibonensaus toe en breng op smaak met peper en zout, dek af en laat ongeveer 10 minuten sudderen, af en toe roeren. Meng de eieren erdoor en serveer bestrooid met lente-uitjes.

Chinese rundvlees- en bladsoep

Het serveert 4

200 g mager rundvlees, in reepjes gesneden
15 ml / 1 eetlepel sojasaus
15 ml / 1 eetlepel arachideolie (pinda).
1,5 l / 2½ pt / 6 kopjes runderbouillon
5 ml / 1 theelepel zout
2,5 ml / ½ theelepel suiker
½ krop Chinese bladeren in stukjes gesneden

Meng het vlees met de sojasaus en olie en laat 30 minuten marineren, af en toe roeren. Kook de bouillon met zout en suiker, voeg de porseleinen bladeren toe en laat ongeveer 10 minuten koken tot ze bijna gaar zijn. Voeg het vlees toe en laat nog 5 minuten sudderen.

Koolsoep

Het serveert 4

60 ml / 4 eetlepels arachideolie (pinda).

2 uien, gehakt

100 g mager varkensvlees, in reepjes gesneden

225 g Chinese kool, geraspt

10 ml / 2 theelepels suiker

1,2 l / 2 pt / 5 dl kippenbouillon

45 ml / 3 eetlepels sojasaus

zout en peper

15 ml / 1 eetlepel maïsmeel (maïszetmeel)

Verhit de olie en bak de ui en het varkensvlees goudbruin. Voeg kool en suiker toe en bak 5 minuten. Voeg de bouillon en soja toe en breng op smaak met peper en zout. Breng aan de kook, dek af en laat 20 minuten sudderen. Meng de maïzena met een beetje water, voeg dit toe aan de soep en laat al roerend koken tot de soep ingedikt en doorschijnend is.

Pittige rundvleessoep

Het serveert 4

45 ml / 3 eetlepels arachideolie (pinda).

1 teentje knoflook, geperst

5 ml / 1 theelepel zout

225 g rundergehakt (gemalen).

6 lente-uitjes (lente-uitjes), in reepjes gesneden

1 rode paprika, in reepjes gesneden

1 groene paprika, in reepjes gesneden

225 g kool, gehakt

1 l runderbouillon

30 ml / 2 eetlepels pruimensaus

30 ml / 2 eetlepels hoisinsaus

45 ml / 3 eetlepels sojasaus

2 stuks gember, gehakt

2 eieren

5 ml / 1 theelepel sesamolie

225 g doorschijnende noedels, geweekt

Verhit de olie en bak de knoflook en het zout goudbruin. Voeg het vlees toe en bak het snel bruin. Voeg de groenten toe en bak tot ze glazig zijn. Voeg bouillon, pruimensaus, hoisinsaus, 30 ml/2 toe

een lepel sojasaus en gember, breng aan de kook en laat 10 minuten koken. Klop de eieren los met de sesamolie en de rest van de sojasaus. Voeg de soep met de noedels toe en kook al roerend tot de eieren draadjes vormen en de noedels zacht zijn.

Hemelse soep

Het serveert 4

2 lente-uitjes (lente-uitjes), gehakt
1 teentje knoflook, geperst
30 ml / 2 eetlepels gehakte verse peterselie
5 ml / 1 theelepel zout
15 ml / 1 eetlepel arachideolie (pinda).
30 ml / 2 eetlepels sojasaus
1,5 l / 2½ pt / 6 kopjes water

Meng lente-uitjes, knoflook, peterselie, zout, olie en soja. Kook het water, giet het lente-uimengsel erover en laat 3 minuten rusten.

Soep van kip en bamboescheuten

Het serveert 4

2 kippendijen
30 ml / 2 eetlepels arachideolie (pinda).
5 ml / 1 theelepel rijstwijn of droge sherry
1,5 l / 2½ pt / 6 dl kippenbouillon
3 lente-uitjes, in plakjes gesneden
100 g bamboescheuten, in stukjes gesneden
5 ml / 1 theelepel gehakte gemberwortel
zout-

Ontbeen de kip en snijd het vlees in stukjes. Verhit de olie en bak de kip tot hij aan alle kanten bruin is. Voeg de bouillon, lente-uitjes, bamboescheuten en gember toe, breng aan de kook en laat ongeveer 20 minuten koken tot de kip gaar is. Breng op smaak met zout voordat je het serveert.

Kip En Maïssoep

Het serveert 4

1 l kippenbouillon
100 g kip, fijngehakt
200 g suikermaïsroom
snijd de ham in plakjes, in stukjes gesneden
geklopte eieren
15 ml / 1 eetlepel rijstwijn of droge sherry

Breng de bouillon en de kip aan de kook, dek af en laat 15 minuten koken. Voeg de maïs en de ham toe, dek af en laat 5 minuten sudderen. Voeg eieren en sherry toe, roer langzaam met een stokje zodat de eieren strengen vormen. Haal van het vuur, dek af en laat 3 minuten rusten voordat je het serveert.

Kip En Gembersoep

Het serveert 4

4 gedroogde Chinese champignons
1,5 l / 2½ pt / 6 dl water of kippenbouillon
225 g kippenvlees, in blokjes gesneden
10 plakjes gember
5 ml / 1 theelepel rijstwijn of droge sherry
zout-

Week de champignons 30 minuten in warm water en laat ze uitlekken. Gooi de stengels weg. Kook het water of de bouillon met de overige ingrediënten en laat ongeveer 20 minuten koken tot de kip gaar is.

Kippensoep met Chinese champignons

Het serveert 4

25 g gedroogde Chinese champignons
100 g kip, versnipperd
50 g bamboescheuten, versnipperd
30 ml / 2 eetlepels sojasaus
30 ml / 2 eetlepels rijstwijn of droge sherry
1,2 l / 2 pt / 5 dl kippenbouillon

Week de champignons 30 minuten in warm water en laat ze uitlekken. Verwijder de stelen en snijd de hoedjes in stukjes. Blancheer champignons, kip en bamboescheuten in kokend water gedurende 30 seconden en laat ze uitlekken. Doe ze in een kom en meng de sojasaus en de wijn of sherry. Laat 1 uur marineren. Kook de bouillon, voeg het kippenmengsel en de marinade toe. Meng goed en laat een paar minuten sudderen tot de kip gaar is.

Kip En Rijstsoep

Het serveert 4

1 l kippenbouillon

225 g / 8 oz / 1 kopje gekookte langkorrelige rijst

100 g gekookte kip, in reepjes gesneden

1 ui, in partjes gesneden

5 ml / 1 theelepel sojasaus

Verwarm alle ingrediënten samen tot ze warm zijn, zonder dat de soep kookt.

Kip En Kokossoep

Het serveert 4

350 g kipfilet

zout-

10 ml / 2 theelepels maïsmeel (maïszetmeel)

30 ml / 2 eetlepels arachideolie (pinda).

1 groene chilipeper, gehakt

1 l / 1¾ pt / 4¼ kopjes kokosmelk

5 ml / 1 theelepel geraspte citroenschil

12 lychees

een snufje geraspte nootmuskaat

zout en versgemalen peper

2 blaadjes citroenmelisse

Snij de kipfilet diagonaal van de Parmezaanse kaas in reepjes. Bestrooi met zout en bedek met maizena. Verhit 10 ml / 2 theelepels olie in een wok, draai om en giet. Herhaal nog een keer. Verhit de resterende olie en bak de kip en de chilipeper 1 minuut. Voeg de kokosmelk toe en breng aan de kook. Voeg de citroenschil toe en laat 5 minuten koken. Voeg de lychee toe, breng op smaak met nootmuskaat, zout en peper en serveer gegarneerd met citroenmelisse.

Clam chowder

Het serveert 4

2 gedroogde Chinese champignons
12 mosselen, geweekt en geschrobd
1,5 l / 2½ pt / 6 dl kippenbouillon
50 g bamboescheuten, versnipperd
50 g peultjes (erwten), gehalveerd
2 lente-uitjes (lente-uitjes), in ringen gesneden
15 ml / 1 eetlepel rijstwijn of droge sherry
een snufje versgemalen peper

Week de champignons 30 minuten in warm water en laat ze uitlekken. Verwijder de stelen en snijd de capsules doormidden. Stoom de mosselen ongeveer 5 minuten tot ze opengaan; gooi degenen die gesloten blijven weg. Haal de mosselen uit hun schelp. Kook de bouillon en voeg champignons, bamboescheuten, peultjes en lente-uitjes toe. Kook onafgedekt gedurende 2 minuten. Voeg de mosselen, wijn of sherry en peper toe en laat sudderen tot het geheel warm is.

Eiersoep

Het serveert 4

1,2 l / 2 pt / 5 dl kippenbouillon
3 eieren, losgeklopt
45 ml / 3 eetlepels sojasaus
zout en versgemalen peper
4 lente-uitjes (lente-uitjes), in plakjes gesneden

Kook de bouillon. Klop geleidelijk de losgeklopte eieren erdoor, zodat ze zich in strengen scheiden. Voeg de sojasaus toe en breng op smaak met peper en zout. Serveer gegarneerd met lente-uitjes.

Krab- en Sint-jakobsschelpsoep

Het serveert 4

4 gedroogde Chinese champignons
15 ml / 1 eetlepel arachideolie (pinda).
1 ei, losgeklopt
1,5 l / 2½ pt / 6 dl kippenbouillon
175 g krabvlees, in vlokken
100 g gepelde Sint-Jakobsschelpen, in plakjes
100 g bamboescheuten, in plakjes gesneden
2 lente-uitjes (lente-uitjes), gehakt
1 schijfje gember, fijngehakt
wat gekookte en gepelde garnalen (optioneel)
45 ml / 3 eetlepels maïsmeel (maïszetmeel)
90 ml / 6 eetlepels water
30 ml / 2 eetlepels rijstwijn of droge sherry
20 ml / 4 theelepels sojasaus
2 eiwitten

Week de champignons 30 minuten in warm water en laat ze uitlekken. Verwijder de stelen en snijd de hoedjes in dunne plakjes. Verhit de olie, voeg het ei toe en kantel de pan zodat het ei de bodem bedekt. Kook tot zeef en draai dan om en kook aan de andere kant. Haal uit de pan, rol op en snijd in dunne reepjes.

Breng de bouillon aan de kook, voeg eventueel champignons, eierreepjes, krabvlees, Sint-jakobsschelpen, bamboescheuten, lente-uitjes, gember en garnalen toe. Kook opnieuw. Meng de maïzena met 60 ml/4 eetlepels water, wijn of sherry en sojasaus en meng door de soep. Laat al roerend sudderen tot de soep dikker wordt. Klop de eiwitten met het resterende water stijf en giet het mengsel langzaam onder krachtig roeren bij de soep.

Krab soep

Het serveert 4

90 ml / 6 eetlepels arachideolie (pinda).

3 uien, gehakt

225 g wit en bruin krabvlees

1 schijfje gember, fijngehakt

1,2 l / 2 pt / 5 dl kippenbouillon

150 ml / ¼ pt / kopje rijstwijn of droge sherry

45 ml / 3 eetlepels sojasaus

zout en versgemalen peper

Verhit de olie en bak de ui tot hij zacht maar niet goudbruin is. Voeg het krabvlees en de gember toe en bak 5 minuten. Voeg bouillon, wijn of sherry en sojasaus toe, breng op smaak met zout en peper. Breng aan de kook en laat 5 minuten koken.

Vissoep

Het serveert 4

225 g visfilets
1 schijfje gember, fijngehakt
15 ml / 1 eetlepel rijstwijn of droge sherry
30 ml / 2 eetlepels arachideolie (pinda).
1,5 l / 2½ pt / 6 kopjes visbouillon

Snijd de vis in dunne reepjes tegen de draad in. Meng de gember, wijn of sherry en olie, voeg de vis toe en meng voorzichtig. Laat 30 minuten marineren, af en toe roeren. Kook de bouillon, voeg de vis toe en laat 3 minuten koken.

Vis- en saladesoep

Het serveert 4

225 g witte visfilets

30 ml / 2 eetlepels bloem (voor alle toepassingen).

zout en versgemalen peper

90 ml / 6 eetlepels arachideolie (pinda).

6 lente-uitjes (lente-uitjes), in plakjes gesneden

100 g sla, gesneden

1,2 l / 2 pt / 5 kopjes water

10 ml / 2 theelepel fijngehakte gember

150 ml / ¼ pt / royale ½ kopje rijstwijn of droge sherry

30 ml / 2 eetlepels maïsmeel (maïszetmeel)

30 ml / 2 eetlepels gehakte verse peterselie

10 ml / 2 theelepels citroensap

30 ml / 2 eetlepels sojasaus

Snijd de vis in dunne reepjes en doe deze in de gekruide bloem. Verhit de olie en bak de lente-ui tot ze zacht is. Voeg de salade toe en bak 2 minuten. Voeg de vis toe en kook 4 minuten. Voeg water, gember en wijn of sherry toe, breng aan de kook, dek af en laat 5 minuten sudderen. Meng de maïzena met een beetje water en voeg dit toe aan de soep. Laat al roerend nog 4 minuten sudderen tot de soep dikker wordt

lichter maken en op smaak brengen met peper en zout. Serveer bestrooid met peterselie, citroensap en soja.

Gembersoep met dumplings

Het serveert 4

5 cm stukjes gemberwortel, geraspt

350 g bruine suiker

1,5 l / 2½ pt / 7 kopjes water

225 g / 8 oz / 2 kopjes rijstmeel

2,5 ml / ½ theelepel zout

60 ml / 4 eetlepels water

Doe de gember, suiker en water in een pan en breng al roerend aan de kook. Dek af en kook ongeveer 20 minuten. Giet de soep af en doe hem terug in de pan.

Doe ondertussen de bloem en het zout in een kom en meng beetje bij beetje met voldoende water tot een dik deeg. Vorm balletjes en giet de gnocchi in de soep. Breng de soep opnieuw aan de kook, dek af en laat nog 6 minuten koken tot de gnocchi gaar zijn.

Hete en zure soep

Het serveert 4

8 gedroogde Chinese paddenstoelen

1 l kippenbouillon

100 g kip, in reepjes gesneden

100 g bamboescheuten, in reepjes gesneden

100 g tofu, in reepjes gesneden

15 ml / 1 eetlepel sojasaus

30 ml / 2 eetlepels azijn

30 ml / 2 eetlepels maïsmeel (maïszetmeel)

2 eieren, losgeklopt

een paar druppels sesamolie

Week de champignons 30 minuten in warm water en laat ze uitlekken. Verwijder de stelen en snijd de hoedjes in reepjes. Breng de champignons, bouillon, kip, bamboescheuten en tofu aan de kook, dek af en laat 10 minuten koken. Meng de sojasaus, azijn en maïzena tot een gladde massa, voeg toe aan de soep en laat 2 minuten koken tot de soep glazig wordt. Voeg langzaam de eieren en sesamolie toe, al roerend met een stokje. Dek af en laat 2 minuten rusten alvorens te serveren.

Champignonsoep

Het serveert 4

15 gedroogde Chinese paddenstoelen
1,5 l / 2½ pt / 6 dl kippenbouillon
5 ml / 1 theelepel zout

Dompel de champignons 30 minuten in warm water, laat ze uitlekken en bewaar de vloeistof. Verwijder de stelen en snijd de hoeden doormidden als ze groot zijn en doe ze in een grote hittebestendige kom. Plaats de kom op een rooster in een stomer. Breng de bouillon aan de kook, giet deze over de champignons, dek af en stoom gedurende 1 uur in kokend water. Breng op smaak met zout en serveer.

Champignon- En Koolsoep

Het serveert 4

25 g gedroogde Chinese champignons
15 ml / 1 eetlepel arachideolie (pinda).
50 g Chinese bladeren, gehakt
15 ml / 1 eetlepel rijstwijn of droge sherry
15 ml / 1 eetlepel sojasaus
1,2 l / 2 punten / 5 dl kippen- of groentebouillon
zout en versgemalen peper
5 ml / 1 theelepel sesamolie

Week de champignons 30 minuten in warm water en laat ze uitlekken. Verwijder de stelen en snijd de hoedjes in stukjes. Verhit de olie en bak de champignons en Chinese bladeren gedurende 2 minuten tot ze goed bedekt zijn. Blus af met de wijn of sherry en sojasaus en voeg vervolgens de bouillon toe. Breng aan de kook, breng op smaak met peper en zout en laat 5 minuten koken. Besprenkel voor het serveren met sesamolie.

Champignon eiersoep

Het serveert 4

1 l kippenbouillon
30 ml / 2 eetlepels maïsmeel (maïszetmeel)
100 g champignons, in plakjes gesneden
1 schijfje ui, fijngehakt
snufje zout
3 druppels sesamolie
2,5 ml / ½ theelepel sojasaus
1 ei, losgeklopt

Meng wat bouillon met het maïzena en meng vervolgens alle ingrediënten behalve het ei. Breng aan de kook, dek af en laat 5 minuten sudderen. Voeg het ei toe, roer met een stokje zodat het ei draadjes vormt. Haal van het vuur en laat 2 minuten rusten voordat je het serveert.

Champignon-kastanjesoep op waterbasis

Het serveert 4

1 l / 1¾ pt / 4¼ *kopjes groentebouillon of water*
2 uien, fijngehakt
5 ml / 1 theelepel rijstwijn of droge sherry
30 ml / 2 eetlepels sojasaus
225 gram champignons
100 g waterkastanjes, in plakjes gesneden
100 g bamboescheuten, in plakjes gesneden
een paar druppels sesamolie
2 blaadjes sla, in stukjes gesneden
2 lente-uitjes (lente-uitjes), in stukjes gesneden

Kook water, ui, wijn of sherry en sojasaus, dek af en laat 10 minuten sudderen. Voeg de champignons, waterkastanjes en bamboescheuten toe, dek af en laat 5 minuten sudderen. Voeg sesamolie, slablaadjes en lente-ui toe, haal van het vuur, dek af en laat 1 minuut rusten voordat je het serveert.

Varkensvlees En Champignonsoep

Het serveert 4

60 ml / 4 eetlepels arachideolie (pinda).

1 teentje knoflook, geperst

2 uien, gesneden

225 g mager varkensvlees, in reepjes gesneden

1 stengel bleekselderij, gehakt

50 g champignons, in plakjes gesneden

2 wortels, in plakjes gesneden

1,2 l / 2 pt / 5 kopjes runderbouillon

15 ml / 1 eetlepel sojasaus

zout en versgemalen peper

15 ml / 1 eetlepel maïsmeel (maïszetmeel)

Verhit de olie en bak de knoflook, ui en varkensvlees tot de ui zacht en lichtbruin is. Voeg bleekselderij, champignons en wortels toe, dek af en laat 10 minuten zachtjes koken. Kook de bouillon, voeg deze toe aan de pan met de sojasaus en breng op smaak met zout en peper. Meng de maïzena met een beetje water, giet het in de pan en laat al roerend ongeveer 5 minuten koken.

Soep van varkensvlees en waterkers

Het serveert 4

1,5 l / 2½ pt / 6 dl kippenbouillon

100 g mager varkensvlees, in reepjes gesneden

3 stengels bleekselderij, diagonaal gesneden

2 lente-uitjes (lente-uitjes), in plakjes gesneden

1 bosje waterkers

5 ml / 1 theelepel zout

Breng de bouillon aan de kook, voeg het varkensvlees en de bleekselderij toe, dek af en laat 15 minuten koken. Voeg de lente-uitjes, waterkers en zout toe en laat onafgedekt ongeveer 4 minuten sudderen.

Varkensvlees En Komkommersoep

Het serveert 4

100 g mager varkensvlees, in dunne plakjes gesneden
5 ml / 1 theelepel maïsmeel (maïszetmeel)
15 ml / 1 eetlepel sojasaus
15 ml / 1 eetlepel rijstwijn of droge sherry
1 komkommer
1,5 l / 2½ pt / 6 dl kippenbouillon
5 ml / 1 theelepel zout

Meng varkensvlees, maizena, soja en wijn of sherry. Roer om het varkensvlees te bedekken. Schil de komkommer, snijd hem in de lengte doormidden en verwijder vervolgens de zaadjes. Snijd grof. Breng de bouillon aan de kook, voeg het varkensvlees toe, dek af en laat 10 minuten koken. Voeg de komkommer toe en laat een paar minuten koken tot hij glazig is. Roer het zout erdoor en voeg eventueel nog een beetje soja toe.

Soep met gehaktballetjes en noedels

Het serveert 4

50 gram rijstnoedels

225 g gemalen varkensvlees (gemalen).

5 ml / 1 theelepel maïsmeel (maïszetmeel)

2,5 ml / ½ theelepel zout

30 ml / 2 eetlepels water

1,5 l / 2½ pt / 6 dl kippenbouillon

1 lente-ui (lente-uitjes), fijngehakt

5 ml / 1 theelepel sojasaus

Week de noedels in koud water terwijl je de gehaktballetjes klaarmaakt. Meng varkensvlees, maïzena, een beetje zout en water en vorm balletjes ter grootte van een walnoot. Kook een pan met water, giet de varkensballetjes erin, dek af en laat 5 minuten sudderen. Laat goed uitlekken en laat de noedels uitlekken. Breng de bouillon aan de kook, voeg de varkensgehaktballetjes en noedels toe, dek af en laat 5 minuten koken. Voeg de lente-uitjes, sojasaus en het resterende zout toe en laat nog 2 minuten koken.

Spinazie En Tofu Soep

Het serveert 4

1,2 l / 2 pt / 5 dl kippenbouillon

200 g tomaten uit blik, uitgelekt en gehakt

225 g tofu, in blokjes

225 g spinazie, gehakt

30 ml / 2 eetlepels sojasaus

5 ml / 1 theelepel bruine suiker

zout en versgemalen peper

Kook de bouillon, voeg dan de tomaten, tofu en spinazie toe en meng voorzichtig. Breng opnieuw aan de kook en laat 5 minuten koken. Voeg soja en suiker toe en breng op smaak met peper en zout. Laat 1 minuut sudderen voordat u het serveert.

Zoete maïs- en krabsoep

Het serveert 4

1,2 l / 2 pt / 5 dl kippenbouillon

200 g suikermaïs

zout en versgemalen peper

1 ei, losgeklopt

200 g krabvlees, in vlokken

3 sjalotten, gehakt

Kook de bouillon, voeg de maïs toe en breng op smaak met zout en peper. Laat 5 minuten sudderen. Vlak voor het serveren de eieren door een vork gieten en door de soep roeren. Serveer bestrooid met krabvlees en gehakte sjalotjes.

Sichuan-soep

Het serveert 4

4 gedroogde Chinese champignons

1,5 l / 2½ pt / 6 dl kippenbouillon

75 ml / 5 eetlepels droge witte wijn

15 ml / 1 eetlepel sojasaus

2,5 ml / ½ theelepel chilisaus

30 ml / 2 eetlepels maïsmeel (maïszetmeel)

60 ml / 4 eetlepels water

100 g mager varkensvlees, in reepjes gesneden

50 g gekookte ham, in reepjes gesneden

1 rode paprika, in reepjes gesneden

50 g waterkastanjes, in plakjes gesneden

10 ml / 2 theelepels azijn

5 ml / 1 theelepel sesamolie

1 ei, losgeklopt

100 g gepelde garnalen

6 lente-uitjes (lente-uitjes), gehakt

175 g tofu, in blokjes

Week de champignons 30 minuten in warm water en laat ze uitlekken. Verwijder de stelen en snijd de hoedjes in stukjes. Breng bouillon, wijn, soja mee

saus en chilisaus aan de kook brengen, afdekken en 5 minuten laten sudderen. Meng de maïzena met de helft van het water en voeg dit toe aan de soep, al roerend tot de soep dikker wordt. Voeg champignons, varkensvlees, ham, peper en waterkastanjes toe en laat 5 minuten sudderen. Meng de azijn en sesamolie. Klop het ei los met het resterende water en giet het onder krachtig roeren bij de soep. Voeg de garnalen, lente-uitjes en tofu toe en laat een paar minuten doorwarmen.

Tofu-soep

Het serveert 4

1,5 l / 2½ pt / 6 dl kippenbouillon

225 g tofu, in blokjes

5 ml / 1 theelepel zout

5 ml / 1 theelepel sojasaus

Kook de bouillon en voeg de tofu, het zout en de soja toe. Laat een paar minuten sudderen tot de tofu heet is.

Tofu en vissoep

Het serveert 4

225 g witte visfilets, in reepjes gesneden
150 ml / ¼ pt / royale ½ kopje rijstwijn of droge sherry
10 ml / 2 theelepel fijngehakte gember
45 ml / 3 eetlepels sojasaus
2,5 ml / ½ theelepel zout
60 ml / 4 eetlepels arachideolie (pinda).
2 uien, gehakt
100 g champignons, in plakjes gesneden
1,2 l / 2 pt / 5 dl kippenbouillon
100 g tofu, in blokjes
zout en versgemalen peper

Doe de vis in een kom. Meng wijn of sherry, gember, soja en zout en giet over de vis. Laat 30 minuten marineren. Verhit de olie en bak de ui 2 minuten. Voeg de champignons toe en bak verder tot de uien zacht maar niet goudbruin zijn. Voeg de vis en de marinade toe, breng aan de kook, dek af en laat 5 minuten sudderen. Voeg de bouillon toe, breng opnieuw aan de kook, dek af en laat 15 minuten koken. Voeg de tofu toe en breng op smaak met peper en zout. Kook tot de tofu gaar is.

Tomatensoep

Het serveert 4

400 g tomaten uit blik, uitgelekt en gehakt

1,2 l / 2 pt / 5 dl kippenbouillon

1 schijfje gember, fijngehakt

15 ml / 1 eetlepel sojasaus

15 ml / 1 eetlepel chilibonensaus

10 ml / 2 theelepels suiker

Doe alle ingrediënten in een pan en breng aan de kook, af en toe roeren. Kook ongeveer 10 minuten voordat u het serveert.

Tomaten En Spinaziesoep

Het serveert 4

1,2 l / 2 pt / 5 dl kippenbouillon

225 g gesneden tomaten uit blik

225 g tofu, in blokjes

225 gram spinazie

30 ml / 2 eetlepels sojasaus

zout en versgemalen peper

2,5 ml / ½ theelepel suiker

2,5 ml / ½ theelepel rijstwijn of droge sherry

Breng de bouillon aan de kook, voeg dan de tomaten, tofu en spinazie toe en laat 2 minuten koken. Voeg de resterende ingrediënten toe en laat 2 minuten sudderen, meng goed en serveer.

Raapsoep

Het serveert 4

1 l kippenbouillon
1 grote raap, in dunne plakjes gesneden
200 g mager varkensvlees, in dunne plakjes gesneden
15 ml / 1 eetlepel sojasaus
60 ml / 4 eetlepels cognac
zout en versgemalen peper
4 sjalotjes, fijngehakt

Breng de bouillon aan de kook, voeg de raap en het varkensvlees toe, dek af en laat 20 minuten sudderen tot de raap gaar is en het vlees gaar is. Combineer sojasaus en cognackruiden naar smaak. Kook tot het warm is. Serveer bestrooid met sjalotjes.

Potage

Het serveert 4

6 gedroogde Chinese paddenstoelen
1 l / 1¾ pt / 4¼ kopjes groentebouillon
50 g bamboescheuten, in reepjes gesneden
50 g waterkastanjes, in plakjes gesneden
8 peultjes (erwten), in plakjes gesneden
5 ml / 1 theelepel sojasaus

Week de champignons 30 minuten in warm water en laat ze uitlekken. Verwijder de stelen en snijd de hoedjes in reepjes. Voeg ze toe aan de bouillon met de bamboescheuten en waterkastanjes en breng aan de kook, dek af en laat 10 minuten koken. Voeg peultjes en sojasaus toe, dek af en laat 2 minuten sudderen. Laat 2 minuten rusten alvorens te serveren.

Vegetarische soep

Het serveert 4

¼ *kool*

2 wortels

3 stengels bleekselderij

2 lente-uitjes (sjalotten)

30 ml / 2 eetlepels arachideolie (pinda).

1,5 l / 2½ pt / 6 kopjes water

15 ml / 1 eetlepel sojasaus

15 ml / 1 eetlepel rijstwijn of droge sherry

5 ml / 1 theelepel zout

versgemalen peper

Snijd de groenten in reepjes. Verhit de olie en bak de groenten 2 minuten tot ze zacht beginnen te worden. Voeg de overige ingrediënten toe, breng aan de kook, dek af en laat 15 minuten sudderen.

Waterkers soep

Het serveert 4

1 l kippenbouillon
1 ui, fijngehakt
1 stengel bleekselderij, fijngehakt
225 g waterkers, grof gehakt
zout en versgemalen peper

Breng de bouillon, ui en bleekselderij aan de kook, dek af en laat 15 minuten koken. Voeg de waterkers toe, dek af en laat 5 minuten koken. Breng op smaak met zout en peper.

Gebakken Vis Met Groenten

Het serveert 4

4 gedroogde Chinese champignons
4 hele vissen, schoon en geschubd
frituur olie
30 ml / 2 eetlepels maïsmeel (maïszetmeel)
45 ml / 3 eetlepels arachideolie (pinda).
100 g bamboescheuten, in reepjes gesneden
50 g waterkastanjes, in reepjes gesneden
50 g Chinese kool, gehakt
2 plakjes gember, gehakt
30 ml / 2 eetlepels rijstwijn of droge sherry
30 ml / 2 eetlepels water
15 ml / 1 eetlepel sojasaus
5 ml / 1 theelepel suiker
120 ml / 4 fl oz / ¬Ω kopje visbouillon
zout en versgemalen peper
¬Ω krop sla, geraspt
15 ml / 1 eetlepel platbladige gehakte peterselie

Week de champignons 30 minuten in warm water en laat ze uitlekken. Verwijder de stelen en snijd de hoedjes in stukjes. Strooi de vis in het midden

maïsmeel en schud het overtollige eraf. Verhit de olie en bak de vis in ongeveer 12 minuten gaar. Laat uitlekken op keukenpapier en houd warm.

Verhit de olie en bak de champignons, bamboescheuten, waterkastanjes en witte kool gedurende 3 minuten. Voeg gember, wijn of sherry, 15 ml / 1 el water, soja en suiker toe en bak 1 minuut. Voeg de bouillon, zout en peper toe, breng aan de kook, dek af en laat 3 minuten koken. Meng de maïzena met het resterende water, giet het in de pan en laat al roerend sudderen tot de saus dikker wordt. Schep de salade op een bord en leg de vis erop. Giet de groenten en de saus erover en serveer gegarneerd met peterselie.

Hele gebakken vis

Het serveert 4

1 grote zeebaars of soortgelijke vis
45 ml / 3 eetlepels maïsmeel (maïszetmeel)
45 ml / 3 eetlepels arachideolie (pinda).
1 ui, gehakt
2 teentjes knoflook, geperst
50 g ham, in reepjes gesneden
100 g gepelde garnalen
15 ml / 1 eetlepel sojasaus
15 ml / 1 eetlepel rijstwijn of droge sherry
5 ml / 1 theelepel suiker
5 ml / 1 theelepel zout

Bestrijk de vis met het maizena. Verhit de olie en bak de ui en knoflook goudbruin. Voeg de vis toe en bak aan beide kanten goudbruin. Leg de vis op een stuk aluminiumfolie in een ovenschaal en garneer met ham en garnalen. Voeg sojasaus, wijn of sherry, suiker en zout toe aan de pan en meng goed. Giet over de vis, sluit de folie erboven en bak in een voorverwarmde oven op 150 ∞C / 300 ∞F / gasstand 2 gedurende 20 minuten.

Gestoofde sojavis

Het serveert 4

1 grote zeebaars of soortgelijke vis
zout-
50 g / 2 oz / ½ kopje gewone bloem (universeel).
60 ml / 4 eetlepels arachideolie (pinda).
3 plakjes gemberwortel, gehakt
3 lente-uitjes (lente-uitjes), gehakt
250 ml / 8 fl oz / 1 kopje water
45 ml / 3 eetlepels sojasaus
15 ml / 1 eetlepel rijstwijn of droge sherry
2,5 ml / ½ theelepel suiker

Maak de vis schoon, schil hem en snijd hem aan beide kanten schuin door. Bestrooi met zout en laat 10 minuten rusten. Verhit de olie en bak de vis aan beide kanten goudbruin, draai hem één keer om en besprenkel hem terwijl hij kookt met olie. Voeg de gember, lente-ui, water, soja, wijn of sherry en suiker toe, breng aan de kook, dek af en laat 20 minuten sudderen tot de vis gaar is. Serveer warm of koud.